ショートカットで高速製図
ステップアップ
演習 Jw_cad

川窪広明 著

学芸出版社

は じ め に

　CAD（Computer-Aided Design）は、コンピュータ上で図面を作成するシステムのことで、現在の建築業界では CAD による製図が主流になっています。

　Windows（XP、Vista、7、8）で動く Jw_cad は、建築図面作成に適した CAD として 1990 年代からプロの現場でも使用されている高性能なフリーソフトです。さらに Jw_cad（以下、Jww と表記）は使いやすいので、教育用 CAD としても多くの大学や専門学校などで使用されています。

　ただ「使いやすい CAD」と言っても、初心者にとって聞き慣れない専門用語が並ぶマニュアルを頼りに練習するのは大変です。また Jww は、プロの要求を満たすことができる CAD ゆえに、150 個以上のコマンドや、数えきれないサブコマンド（コマンドの補助的コマンド）が用意されています。

　しかし、実際は、すべてのコマンドやサブコマンドを使わなくても、効率よく建築製図を描くことができます。

　本書は、Jww 入門者を対象とした大学や専門学校の CAD 演習授業、あるいは一般向けの CAD 講習会のテキストとしての使用を目的として、次の 3 ステップで Jww による製図のマスターを目指します。

❶ 例題 によって、Jww のコマンドの機能を理解し、基本的な使い方を練習する。
❷ 重要なコマンドについては、演習 によってさらに理解を深める。（巻末解答）と表示がある 演習 については、巻末 p.183、p.184 ページに解答を示す。
❸【製図演習】によって、CAD 製図の段取りを考え、コマンド選択の流れをつかむ。

◎ 本書の構成
　本書では、1 章で Jww の準備、2 章で画面操作の練習、3 章から 5 章でコマンドの練習、6 章で製図演習を行います。
　1 章から 5 章では、例題 を通じて Jww の設定方法やコマンドの使い方を身につけます。そのなかの重要なものについては、もう一歩踏み込んで練習できるように 演習 を用意してあります。
　また、次のような項目も用意してあります。

POINT 〈ポイント〉コマンドを使用する上で、重要なポイントをまとめて示します。

advice 〈アドバイス〉コマンドを使用するコツや、ちょっとした裏技を説明します。また、例題以外の使い方についても解説します。

Look!! 〈ルック〉画面上に表示される見落としがちな情報について解説します。

♬ 〈ヒント〉演習課題にチャレンジするためのヒントを示します。

　6 章の製図演習では、Jww のフォルダにあるマンション平面図（一部修正したもの）を段取り良く製図する練習をします。

❖ 目次

序章　準備 ——————————— 7
- **1** Jww の入手方法　7
- **2** Jww のインストール　7

[Jww のコマンド操作]
- **3** Jww の画面　8
- **4** バーの設定　8
- **5** Jww のコマンド構造と分類　9
- **6** コマンドの選択方法　10
- **7** マウスワーク　11
- **8** クロックメニュー　12
- **9** メニューバーの操作方法　14

1章　データ入出力と基本設定 ——————— 15

[入出力]
- **1** 読込　開く　15
- **2** 保存　保存　16
- **3** 上書き保存　上書　16
- **4** 印刷　印刷　17

[設定]
- **5** 基本設定　18
- **6** 用紙設定　24
- **7** 縮尺設定　25
- **8** 寸法の設定　F6　25
- **9** 環境設定ファイル　26

2章　画面 ——————————— 27

[画面表示]
- **10** ズーミング　27
- **11** グループ・レイヤ　31
- **12** グループ・レイヤの管理　F5　36

3章　範囲指定と属性コントロール ─ 38

[範囲指定]
- 13　範囲選択　[X] [範囲]　38

[属性コントロール]
- 14　属性選択・変更　42

4章　作図コマンド ─────── 45

[描画]
- 15　線　[S] [／]　45
- 16　消去　[E] [消去]　55
- 17　矩形　[R] [□]　61
- 18　複線　[D] [複線]　65
- 19　2線　[W] [2線]　70
- 20　中心線　[I] [中心線]　73
- 21　円　[O] [○]　75
- 22　ハッチ　[H]　81
- 23　文字　[L] [文字]　84
- 24　寸法　[Shift]+[E] [寸法]　91
- 25　多角形　[Shift]+[P]　98
- 26　連続線　[Shift]+[W] [連線]　100
- 27　接線　[Shift]+[T]　102
- 28　接円　[Shift]+[C]　103
- 29　曲線　[J]　104
- 30　点　[Shift]+[X] と矢印　[S]　106
- 31　ソリッド図形　[Shift]+[S]　108

[変形]
- 32　伸縮　[T] [伸縮]　109
- 33　コーナー　[V] [コーナー]　115
- 34　面取り　[U] [面取]　117
- 35　包絡　[Y]　118
- 36　移動　[M] [移動]、複写　[C] [複写]　123
- 37　パラメトリック変形　[P]　133
- 38　分割　[Shift]+[D]　137
- 39　データ整理　[Shift]+[I]　141

5章　データベースと画像挿入 ──── 142

[データベース]
- 40　図形登録　[図登]　142
- 41　図形　[G]　144
- 42　建具平面　[F2]　146
- 43　建具立面　[F4]　149
- 44　線記号変形　[K]　152
- 45　測定　[Shift]＋[R]　154

[画面表示]
- 46　画像編集　[画像]　157

6章　製図演習 ──── 162

- 6-1　jwf ファイル（環境設定ファイル）のレイヤ設定機能　162
- 6-2　コマンド選択とグループ、レイヤ選択による自動変更　164
- 6-3　図面枠作成　165
- 6-4　マンション平面図の製図　167

演習問題の解答　183
付録　185

■謝　辞
　本書の発刊にあたりましては、Jw_cad の著作者である清水治郎さん、田中善文さんに、同ソフトの使用および動作画面の掲載に関する許諾をいただきましたことを、深く感謝申し上げます。

■著作権について
　Jw_cad の著作権は、清水治郎さん、田中善文さんにあります。
　使用上の制限については、必ずアプリケーション本体に添付された Jw_win.txt とヘルプファイルの内容をご確認ください。
　なお、同ソフトのサポートは Jw_cad の著作権者も、本書著者、さらに学芸出版社もまったく行っておりません。したがって、ご利用は各人の責任の範囲内で行ってください。
　Windows は米国マイクロソフト社の登録商標です。

■バージョンについて
　本書は、Jw_cad ver8.00d での動作を確認しております（2015 年 3 月現在）。

序章 準備

1 Jwwの入手方法

　Jwwの最新版は、下記のサイトからフリーソフトとしてダウンロードできます。ダウンロードしたファイルは、実行形式の圧縮ファイルになっており、アイコンをダブルクリックすると自動的にプログラムをインストールします。

　なお、2015年3月24日現在、最新バージョンは8.00dとなっています。ただ、常にバージョンアップが進められているので、ホームページをチェックするようにしてください。

Jw_cad 公式ホームページ http://www.jwcad.net/

2 Jwwのインストール

1) Jww 800d.exe のアイコンをダブルクリック
2) 画面の指示に従ってインストールする
3) 必要に応じてショートカットをデスクトップ上に作成し、登録する

Jwwのインストール画面

Jww のコマンド操作

3 Jww の画面

それでは、Jww を起動しましょう。ショートカットをダブルクリックすると Jww が起動します。

Jww の画面には、画面の上下左右のバーにコマンドや情報が表示されます。各バーの名称は下図のとおりです。

4 バーの設定

Jww は、ユーザーが画面のデザインをカスタマイズできます。初期画面では、ツールバーが多すぎて見にくいので、必要最小限の表示に変更します。また、本書で練習するコマンドで、ツールバーにないコマンドをユーザーバーに登録します。登録されたユーザーバーは、p.15 の例題 1-1 の の位置に表示されます。

1) メニューバーの 表示(V) をクリックして、ツールバー(T) を選択します
2) 次ページ上の図のようにツールバーの設定を行います

①メイン、編集（1）、作図（1）、レイヤ、レイヤグループ、
　線属性（1）、ユーザー（1）以外のチェックを外す

③58 0 74
　半角で入力すること（58、0、74の間は半角スペース
　を入れる。0はボタンの間を開ける数値）

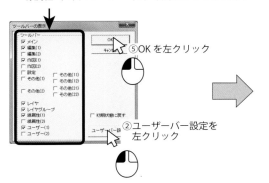

⑤OKを左クリック

②ユーザーバー設定を
　左クリック

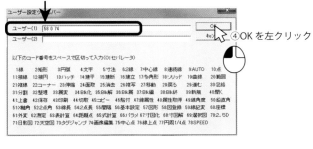

④OKを左クリック

3) ユーザーバーを画面上部のコントロールバー横に、グループバ
　ーをレイヤバーの下に移動します

マウスの左ボタンを押しながら移動

5 Jwwのコマンド構造と分類

　Jwwのコマンドの多くは、メインコマンドとサブコマンドで構成される階層構造となっています。階層構造というのは、例えば線を引く場合、

【第1段階】
　メインコマンドで「線」コマンドを選択

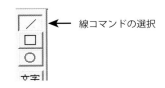

← 線コマンドの選択

【第2段階】
　サブコマンドで「水平線か、斜線か」、「長さは何ミリか」、「角度は何度か」などの詳細条件を決定

サブコマンドの選択

水平線、斜線　　角度　　長さ

というコマンド構成のことです。
　サブコマンドは、基本的にはコマンドバーに配置されたボタンのクリックや、ボックスへの数値入力によって操作しますが、キーボードのスペースキーや、シフトキー＋スペースキー（ Shift を押しながらスペースキーを押す）、コントロールキー＋スペースキー（ Ctrl を押しながら Space を押す）で操作できるものもあります（p.186、付録2）。

Jwwのコマンドは、表のように、(1)入出力、(2)設定、(3)画面表示、(4)範囲指定、(5)属性コントロール、(6)作図、(7)データベース、(8)その他に大きく分類することができます。また、作図コマンドは、描画、変形、情報、条件選択、コントロールに細分できます[*1]。なお、グループ・レイヤコマンドは、画面表示コマンドと作図・条件選択コマンド両方の役割を果たします。

入出力	設定	画面表示	範囲指定	属性コントロール
読込 保存 上書き保存 印刷	基本設定 用紙設定 縮尺設定 寸法設定 環境設定ファイル グループ・レイヤ設定	ズーミング グループ・レイヤ 描画順切替	範囲指定	属性選択・変更

作図					データベース	その他
描画	変形	情報	条件選択	コントロール		
線 消去 矩形 複線 2線 中心線 円 ハッチ 文字 寸法 多角形 連続線 接線 接円 曲線 点、矢印 ソリッド図形	伸縮 コーナー 面取り 包絡 移動 複写 パラメトリック 分割 データ整理	測定 線角度 線鉛直角度 中心点取得線 線上点 属性取得	線属性 グループ・レイヤ	UNDO REDO AUTO（取消）	建具平面 建具立面 図形 図形登録 線記号変形	画像編集

　*1　この分類は、筆者の考え方によるもので、Jwwのメニューバーの分類とは異なります。また、表のコマンドは本書で練習するものをまとめたもので、Jwwには他のコマンドもあります。

6 コマンドの選択方法

　Jwwのコマンドバーのコマンドボタンは非常にわかりやすく、例えば ／ は「線を引く」、消去 は「線を消す」というコマンドであることは、容易に想像できます。

　さらに、Jwwには、コマンドバーを含めて、次のような4種類のコマンド選択方法が用意されています。

　①メニューバーによる選択
・Windows標準の方法。他のソフトと同様にメニューバーのコマンドをクリックし、表示されたメニューから希望のコマンドを選択する。
・コマンド選択のために、マウスを画面最上部まで移動させ、ウインドを開かなければならない。
・コマンドの配置場所を、直接見ることができない。

②コマンドボタンによる選択
- コントロールバーにあるコマンドボタンをクリックする方法。
- コマンドがビジュアルに表現されているので、初心者にもわかりやすい。
- コマンド選択のたびに、マウスカーソルを画面周辺まで移動しなくてはならない。

③キーコマンドによる選択
- コマンドを割り当てたキーボードのキー（ショートカット）を押して、コマンドを選択する方法。
- コマンド選択でマウスを動かす必要がない。
- ショートカットを、ユーザーがカスタマイズできる。
- ショートカットを覚える必要がある。

④クロックメニューによる選択
- Jww独特のコマンド選択方法。
- ボタンを押しながらマウスを動かすと、画面上にクロックメニューと呼ばれる時計のような円が表示される。この円に沿ってマウスを動かすと、コマンドが選択できる。
- コマンドボタンによる選択方法より、マウスの移動距離が短くてすむ。
- 独特のマウス操作に慣れるのに、かなり時間がかかる。

　Jwwの4つのコマンド選択方法には、一長一短があります。本書では、「マウスを動かす距離をできるだけ抑えて、製図のスピードアップを図る」ことを考えて、③キーボードによるコマンド選択を中心に練習を行います。キーボードのカスタマイズについては、p.18で説明します。

　ただし、Jwwには、明らかにクロックメニューによる選択が便利なコマンドや、キーボードに登録できないコマンドがあります。これらについては、適宜、クロックメニューやコマンドボタンを使用します。

7 マウスワーク

　Jwwによる製図のポイントは、マウスワーク、すなわちマウスの操作にいかに習熟するかです。Jwwで使用するマウスワークには、次のようなものがあります。

①クリック
　マウスのボタンを「1回押して離す」ことを、クリックと呼びます。Jwwでは、左ボタンをクリックする左クリック、右ボタンをクリックする右クリック、それに両方のボタンを同時にクリックする両クリックを使用します。

注意
◆両クリックでは、人差し指と中指で「同時に」左右のボタンを押すようにしてください。このタイミングがずれると、まったく違う動きをしますので注意してください。

②ダブルクリック

　マウスボタンを2回連続して押して離すことを、ダブルクリックと呼びます。Jwwでは左ダブルクリック、右ダブルクリックを使用します。ダブルクリックは、タイミングよく続けてクリックすることが大切です。

☞◆ボタンを押すタイミングがゆっくりだと、「クリックが2度行われた」と判断され、まったく違う動きをしますので注意してください。
　◆クリック、あるいはダブルクリックを行うとき、マウスボタンを押して離すまでマウスを動かさないようにしてください。クリック時にマウスを動かすと「ドラッグ」と判断され、思わぬコマンドが実行されてしまいます。

③ドラッグ

　マウスのボタンを押したままマウスを動かす操作をドラッグといいます。Jwwでは、クロックメニューの選択に、左ボタンを押しながらの左ドラッグと右ボタンを押しながらの右ドラッグ、画面表示の操作に両方のボタンを押しながらの両ドラッグを使います。ドラッグを終了するときは、ボタンから指を離します。

★本書では、マウスワークの説明に下図のような記号を使用します。

左クリック　　右クリック　　両クリック　　左ダブルクリック　　右ダブルクリック

矢印はドラッグする方向を表す　　マウスの移動方向
両ドラッグ

8 クロックメニュー

　クロックメニューを、次のように確認してください。

①マウスを画面右方向に左ドラッグすると、図Aのような円とコマンドが表示されます。これがクロックメニューです。

②この円に沿ってドラッグします。円内部の白線がマウスの動きに従って回転し、コマンドが変化します。

図A

③左ボタンを押したまま右ボタンをクリックしてください。クロックメニューが図Bのような濃い色に変わります。円に沿ってマウスを動かすと、先ほどとは異なるコマンドが表示されます。

④もう一度右クリックすると、元に戻ります。

⑤クロックメニューでは、最初のクロックメニューを左AM（午前）、次のクロックメニューを左PM（午後）と呼びます。

⑥同じように右ドラッグすると右AMが表示され（図C）、左ボタンクリックで右PMに切り替わります（図D）。

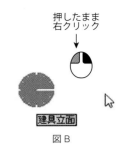

図B

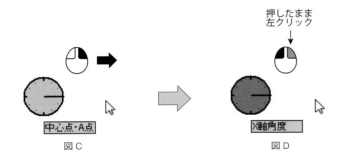

図C　　　　図D

＊クロックメニューは、時計の短針位置で、左AM1時や右PM3時のように表現します。
＊目的のコマンドが表示された位置でマウスボタンを離します。
＊AMとPMは、下図のようにカーソルがクロック内部を通過するようにマウスを動かしても切り替えることができます。

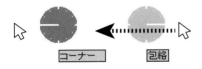

✹本書では、クロックメニューによるコマンド選択を下図のように表します。

左AM	左PM	右AM	右PM
範囲選択	建具断面	戻る	線角度
左AM	左PM	右AM	右PM

＊円外の線はドラッグの方向を表す

＊下の表は、デフォルトでクロックメニューに登録されているコマンドです。本書では、この中のいくつかを使用します。

時刻	左 AM	左 PM	時刻	右 AM	右 PM
0	文字	パラメトリック	0	円周 1/4 点	数値長
1	線	線記号変形	1	建具平面	鉛直角
2	円・円弧	曲線	2	線記号変形	2 点間角
3	包絡	建具立面	3	中心点・A 点	X 軸角度
4	範囲選択	建具断面	4	戻る	線角度
5	線種変更	建具平面	5	進む	軸角取得
6	属性取得	【全】属性取得	6	オフセット	数値角度
7	複写	ハッチ	7	複写・移動	(－) 軸角
8	伸縮	連続線	8	伸縮	(－) 角度
9	AUTO	中心線	9	線上点・交点	X 軸 (－) 角度
10	消去	2 線	10	消去	2 点間長
11	複線	寸法	11	複線	線長取得

＊クロックメニューも階層構造になっています。コマンドによっては、メインコマンド選択後のクロックメニューが、上の表と異なるサブコマンド選択になるものがあります。

9 メニューバーの操作方法

メインコマンドを選んだあと、コントロールバーでサブコマンドを選択します。サブコマンドの選択については、本書では下図のように表します。

①ラジオボタンはマウスでクリックする。ボックスには、キーボードから数値入力する。

・マウスクリックで矢印の　　　　・ボックスに数値を入力
　ラジオボタンを選択　　　20　・▼をクリックすると履歴表示

②キーを押すと、チェックボックスが切り替わる。マウスでも切り替え可能。

・スペースキーを押すとチェックが入る
・チェックボックスをマウスでクリックしてもよい

③操作の番号が表示されている場合は、その順序で操作を行う。また、矢印の表示をチェックする。

・最初にシフトキーとスペースキーを
　同時に押す

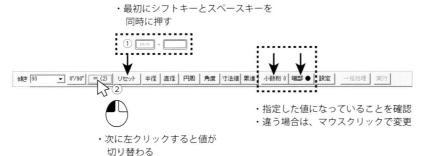

・指定した値になっていることを確認
・違う場合は、マウスクリックで変更

・次に左クリックすると値が
　切り替わる

1章 データ入出力と基本設定

　この章では、Jwwにおけるファイルの入出力（ファイルの読込と保存）、印刷、さらにシステムの設定を練習をします。

入出力

1 読込　開く

　Jwwのデータファイルを読み込みます。ここでは、Jwwフォルダの図面例の中から、マンションの平面図を開いてみます。

例題1-1　Jwwフォルダにある「Aマンション平面例」を読み込んでください。

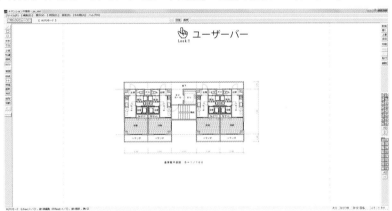

〈解答〉
1) 画面右上のツールバーの 開く を左クリック
2) C:¥jwwを開き、Aマンション平面例を左ダブルクリック
3) 画面に平面図が表示される

2 保存 [保存]

Jww の図面を保存します。

[例題 2-1] あなたのデータドライブに、「マンション平面図」という名前で保存してください。

〈解答〉
1) 画面右上のツールバー [保存] を左クリック
2) データドライブを選択

3)

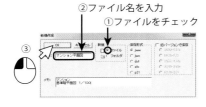

3 上書き保存 [上書]

Jww の図面を上書き保存します。

[例題 3-1] データドライブに「マンション平面図」を上書き保存してください。

〈解答〉
1) 画面右上のツールバー [上書] を左クリック

 〈アドバイス〉バックアップファイルの作成
* 上書き保存した場合、直前のファイルが[ファイル名].BAK という名前で保存されます。
* Jww ではオートセーブにより【自動保存】[ファイル名].jw$ という名前でバックアップファイルが作成されますので、万一、データの破損した場合は最小限の被害ですみます。オートセーブの時間は、基本設定・一般(1)で設定できます。(参照 p.20、Look!! ①)
* これらのファイルを使用するときは、ファイル名を変更した後(例えば「マンション平面図 b」)、拡張子を .jww に変更します。

 〈アドバイス〉Jww の終了
Jww を終了するときは、メニューバーのファイルから終了を選択するか、画面右上の [×] を左クリックします。データが保存、あるいは上書されていないときは、警告が表示されます。

4 印刷 印刷

図面を印刷します。Jww では、等倍印刷や拡大・縮小印刷ができます。

例題 4-1　マンション平面図を印刷してください。

〈解答〉
1) 画面右上のツールバー 印刷 を左クリック
2)

①プリンタ選択

3)

① 90°回転

4)

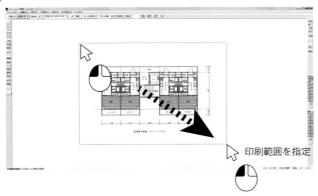

印刷範囲を指定

5)

●印刷では、画面の線色が設定した線の太さに対応します（参照 p.23）。
●コントロールバーの基準点横のボタンを左クリックすると、基準点が印刷範囲を示す赤い長方形の
| 左・下 | → | 中・下 | → | 右・下 | → | 左・中 | → | 中・中 | → | 右・中 | → | 左・上 | → | 中・上 | → | 右・上 | と変化します。印刷範囲に合わせやすい箇所を選択してください。

〈アドバイス〉縮小印刷、カラー印刷する

＊ 縮小印刷をするには、ボックス横の ▼ から希望倍率を選択します。
＊ 任意倍率を選んだ場合は、希望倍率を％で入力します。
＊ カラー印刷をチェックすると、表示線色で印刷されます。

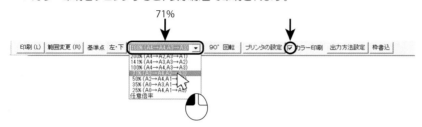

〈アドバイス〉印刷プレビューを見る

Shift を押しながらコントロールバーの 印刷 を左クリックすると、印刷のプレビューが表示されます。印刷の確認に便利です。

設定

5　基本設定

Jww の操作全般に関する設定を行います。また、本書で使用するキーコマンドのカスタマイズも行います。

まず、本書で使用するキーコマンドのカスタマイズと Jww の操作全般に関する設定を行います。

例題 5-1　Jww の基本設定を、指示に従って行ってください。

〈解答〉
1) コントロールバーの設定をマウスでクリックして、基本設定を選択します。
2) jw_win というウインドが表示されたら、上部にある各タブをクリックします。

① KEY

まず、KEY タブをダブルクリックして、キーボードにコマンドを設定します。Jww では、A から Z までのアルファベットキー、F2 から F9 までのファンクションキー、Shift キー＋アルファベットキー、Shift キー＋ファンクションキーの 68 のキーにコマンドを登録できます。

本書で使用するキーの割り当ては、Jww のデフォルト設定を、筆者が表 1（p.21）のように変更したものです。この変更については、次の事項をよく読んでください。

- Shift キーと同時に押すコマンドは、I、O、P を除いて左手で同時に押せる範囲に収めました（Shift キー＋ I、O、P に割り当てたコマンドは、使用頻度が低いものです）。
- キーコマンドを使うには、キーに設定されたコマンドを覚えなければなりません。設定したキーコマンドについては、「覚え方」を表2 (p.21) に示します。なかには少々、強引な覚え方もありますが、キーコマンドの習熟に役立ちます。「結果のイメージ」という覚え方については、3章以降のコマンド練習を行うと納得できると思います。
- キーコマンドの操作は、慣れると自然に指が動くようになります。それまでは巻末の付録1 (p.185) のキーコマンド配置図をコピーして、手元に置きながら練習するのもひとつの方法です。
- もし、使いにくいキーがあるときは、割り当てを変更することができます。また、下図で0となっているキーには、コマンドが割り当てられていません。必要に応じて付録3 (p.187) の「キーコマンドに登録できるコマンドの番号一覧」を参考に追加してください。
- コマンドによっては、選択後にスペースキー、あるいは Shift キー＋スペースキーでサブコマンドを操作できます（参照、p.9 の **5** Jww のコマンド構造と分類、p.186 の付録2）。
- F1 キー、Tab キーおよび Shift キー＋ Tab キーにもキーコマンドが割り当てられています（ユーザーはカスタマイズできません）。

KEY タブの設定

②一般（1）
＊「読み取り点に仮点表示」、「クロスラインカーソルを使う」、「範囲指定のみ」、「初期コマンド：AUTOモード」、「用紙枠を表示する」にチェックを入れる。
　➤読取り点に仮点表示…右クリックで読み取った場所に水色の○を打つ。
　➤初期コマンド：AUTOモード…ファイルを開いた時に、範囲コマンドが実行されない（クロスカーソルが表示されない）ようにする。
　➤用紙枠を表示する…設定した用紙サイズの目安とする。
　➤クロスカーソルを使う、範囲指定のみ…範囲指定をする場合のみクロスカーソル（＋）を表示して、選択範囲をわかりやすくする。

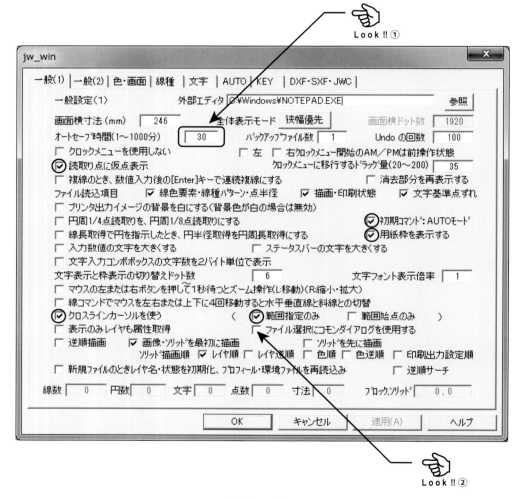

一般（1）タブの設定

①オートセーブの時間を分単位で決定します。この図では30分ごとになっていますが、10分程度にしたほうが安心です。
②「ファイル選択にコモンダイアログを使用する」をチェックすると、ファイルやフォルダの選択が他のWindowsソフトのように表示されますが、図面のプレビューができなくなります（バージョン8.00以降）。

表1　キーへのコマンド割り当て

キー	番号	コマンド	番号	Shift＋コマンド	キー	番号	コマンド	番号	Shift＋コマンド	キー	番号	コマンド	番号	Shift＋コマンド
A	87	線角度	88	線鉛直角度	M	17	移動	0	—	Y	25	包絡	0	—
B	0	—	0	—	N	0	—	0	—	Z	70	UNDO	71	REDO
C	16	複写	19	接円	O	4	円	0	—	F2	20	建具平面	—	—
D	11	複線	26	分割	P	29	パラメトリック	23	多角形	F3	0	—	—	—
E	15	消去	7	寸法	Q	160	中心点取得	161	線上点取得	F4	22	建具立面	—	—
F	81	線種変更	61	描画順切替	R	3	矩形	31	測定	F5	82	レイヤ設定	—	—
G	27	図形	0	—	S	2	線	43	ソリッド図形	F6	110	寸法設定	—	—
H	35	ハッチ	0	—	T	13	伸縮	18	接線	F7	112	基本設定	—	—
I	9	中心線	36	データ整理	U	14	面取り	0	—	F8	30	外部変形	—	—
J	24	曲線	0	—	V	12	コーナー	0	—	F9	111	jwf読込	—	—
K	28	線記号変形	0	—	W	8	2線	10	連続線					
L	5	文字	0	—	X	33	範囲選択	6	点	TAB		属性取得		

	スペース		76	コマンドバー

表2　コマンドキーの覚え方

キー	コマンド	番号	覚え方	キー	Shift＋コマンド	番号	覚え方
A	線角度	87	Angle	A	線鉛直角度	88	線角度の裏
B	—	0	—	B	—	0	—
C	複写	16	Copy	C	接円	19	inscribed Circle
D	複線	11	Duplicate	D	分割	26	Divide
E	消去	15	Erase	E	寸法	7	寸法線の形から
F	線種変更	81	線関係コマンドの近く	F	描画順切替	61	線関係コマンドの近く
G	図形	27	Graphics（画像）に近いイメージ	G	—	0	—
H	ハッチ	35	Hatching	H	—	0	—
I	中心線	9	文字の形から	I	データ整理	36	In order
J	曲線	24	文字の形から	J	—	0	—
K	線記号変形	28	記号（Kigo）	K	—	0	—
L	文字	5	Letter	L	—	0	—
M	移動	17	Move	M	—	0	—
N	—	0	—	N	—	0	—
O	円	4	文字の形から	O	—	0	—
P	パラメトリック	29	Parametric	P	多角形	23	Polygon
Q	中心点取得	160	文字の形から	Q	線上点取得	161	中心点取得の裏
R	矩形	3	Rectangle	R	測定	31	measuRe
S	線	2	Straight Line	S	ソリッド図形	43	Solid
T	伸縮	13	結果のイメージ	T	接線	18	Tangent line
U	面取り	14	結果のイメージ	U	—	0	—
V	コーナー	12	結果のイメージ	V	—	0	—
W	2線	8	文字の読みから	W	連続線	10	文字の形から
X	範囲選択	33	十字カーソルのイメージ	X	点	6	文字のイメージ
Y	包絡	25	結果のイメージ	Y	—	0	—
Z	UNDO	70	Windowsコマンド連想	Z	REDO	71	UNDOの裏

③一般（2）
＊「文字コマンドのとき文字位置指示後に文字入力を行う。」にチェックを入れる。
＊移動の左のボックスに5（範囲記憶）、右のボックスに6（範囲解除）を入力する。

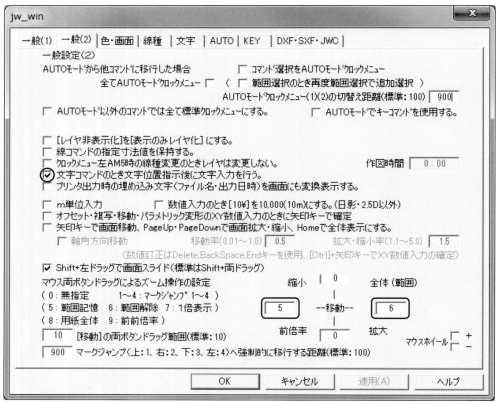

一般（2）タブの設定

④色・画面
●プリンタ出力要素の線幅に数値入力
　　　線色1（水色）……1　　　線色2（黒）……2
　　　線色3（緑）……1　　　線色4（黄）……1
　　　線色5（シアン）…1　　　線色6（青）……4
　　　線色7（深緑）……1　　　線色8（赤）……2
　　　各線色の点半径……0.4

●「実点を指定半径（mm）でプリンタ出力」にチェック
　＊線幅は、印刷図面に反映されます。
　＊画面要素の線幅にこの数値を入力すれば、画面表示にも線幅が反映されます。しか
　　し、見にくい画面表示となるので、本書では設定しません。

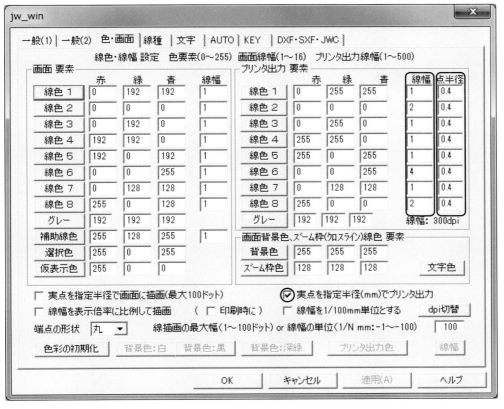

色・画面タブの設定

⑤線種
- 線種 2 から 4 までのプリンタ出力に 3、5 から 8 までに 5 と入力。
- この値は点線や鎖線のピッチを調整します。
- プリンタ出力の値は、1 から 10 までの整数で指定します。数値が大きいほど、印刷される点の長さと間隔が長くなります。

〈アドバイス〉【重要】線幅とピッチの調整について

 印刷される線幅やピッチは、使用プリンタによって異なります。本書では、断面線を線色 2 で表現することを想定して線幅を 2 としていますが、図面が潰れないならば 3 としても結構です。点線や鎖線のピッチについても、印刷結果を見ながら調整してください。

線種タブの設定

⑥設定が終わったら、 OK を左クリック

6 用紙設定

本書で練習する課題のために、用紙サイズと縮尺を設定します。

例題6-1 用紙サイズをA3に設定してください。

〈解答〉

①画面右下の用紙サイズをクリック　②A－3を選択

7 縮尺設定

例題 7-1　グループ F の縮尺を 1/1 に、その他のグループの縮尺を 1/100 に設定してください。

〈解答〉

1) まず、全レイヤを縮尺 1/100 にする

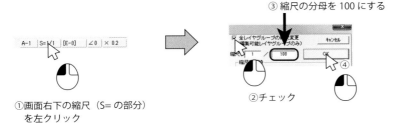

① 画面右下の縮尺（S= の部分）を左クリック
② チェック
③ 縮尺の分母を 100 にする

2) グループ F を縮尺 1/1 に変更

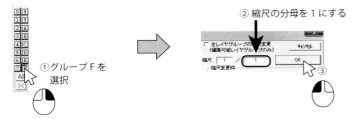

① グループ F を選択
② 縮尺の分母を 1 にする

8 寸法の設定 F6

図面の寸法表示を設定します。

例題 8-1　寸法設定を図のように設定してください。

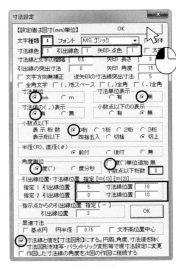

寸法の設定

〈解答〉

1) F6

2) ○で囲んだチェックボックスを図のように設定
度（°）単位の追加無はチェックを外す

3) □で囲んだボックスに数値を入力
文字種類　4
寸法線色　1、引出線色　1、矢印・点色　1
小数点以下桁数　0
指定 1　引出線位置　5、寸法線位置　15
指定 2　引出線位置　15、寸法線位置　10

4) 設定が終わったら　OK　を左クリック

9 環境設定ファイル

　ここまでは、「あなたのパソコン」で使う Jww の環境設定を行いました。しかし、他のパソコンで Jww を使うときは、再設定が必要になります。また、学校のパソコン教室などの共用パソコンでは、個人設定が記憶できない場合もあります。
　Jww では、環境設定ファイルに個人設定を保存することができます。このファイルを USB メモリに記憶しておけば、他のパソコンでも、同じ設定で Jww を使用できます。

9-1　環境設定ファイルの書出し

[例題 9-1]　Jww の設定をあなたの名前（半角ローマ字）で、データディスクに保存してください。

〈解答〉
1) コントロールバーの 設定(S) → 環境設定ファイル(F) → 書出し(W) を選択
2)

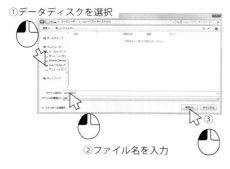

POINT ●環境設定ファイルの拡張子は、.jwf です。

9-2　環境設定ファイルの読み込み

[例題 9-2]　例題 9-1 で作成した環境設定ファイルを読み込んでください。

1) コントロールバーの 設定(S) → 環境設定ファイル(F) → 読込み(R) を選択
2)

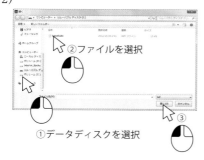

〈アドバイス〉重要
環境設定ファイル名を Jw_win.jwf として Jww フォルダに保存すると、Jww を立ち上げたときに設定条件が自動的に読み込まれます。

2章 画面

画面表示

10　ズーミング

　引き続き「マンション平面図」を使って練習します。例題 2-1 で保存したマンション平面図を読み込んでください。

　ディスプレイに表示された平面図を見てください。マンション全体の平面図が表示された状態では、各部屋の細部はよくわかりません。もし、図面の細部に手を加えようとするなら、画面を拡大表示しないと作業しにくいことがわかります。

　ディスプレイ上で細部を拡大したり、逆に図面全体を表示する操作をズーミングと呼びます。このズーミングを繰り返しながら製図するのが、CAD 製図の特長です。ズーミング操作が CAD 製図の能率を左右すると言っても過言ではありません。

　Jww では、両ドラッグでさまざまなズーミング操作を行うことができます。

10 - 1　ズーミングの基本

例題 10-1　次の順序でズーミングを繰り返し練習してください。
1) 希望する部分を拡大表示
2) 図面全体を表示
3) 前倍率に戻る
4) 縮小表示
5) 表示画面を移動

〈解答〉
1) ズーム範囲の左上から両ドラッグ（拡大範囲の右下で両ボタンを離す）

 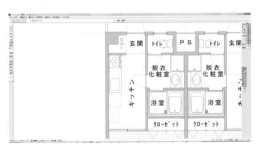

POINT　●両クリックをタイミングよく行ってください。
　　　　●この例題を図面のいろいろな場所で練習して、操作に習熟するようにしてください。

2) 右上に両ドラッグ（図面全体を表示）

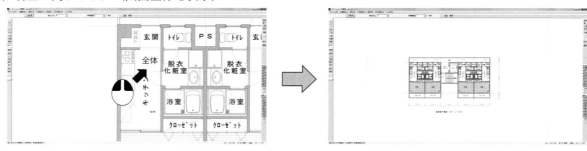

3) 左下に両ドラッグ（前倍率に戻る）

4) 左上に両ドラッグ（縮小表示）

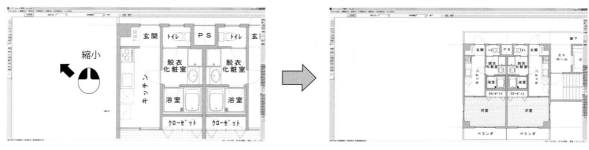

5) 画面表示の中心にする場所で両クリック（表示画面の移動）

ズーミングの表示倍率は、画面右下に示されますが、あまり気にしなくてもいいでしょう。

〈アドバイス〉画面のスライド

 Shift を押しながら、両クリックでマウスドラッグすると画面をスライドできます（バージョン 8.00 以降）。

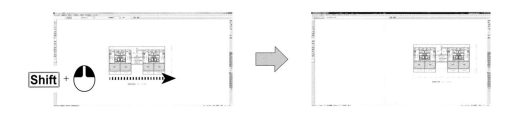

10-2　ズーミング範囲の記憶

　基本設定・一般設定(2)で、他のズーミング機能を4つ追加できますが、本書では5：範囲記憶（現在、画面上に表示されている範囲を全体範囲として記憶する。）と6：範囲解除（記憶された範囲の解除）のみを設定しています。

例題 10-2　キッチンをズーミングしてから、次の順序で範囲記憶操作を練習してください。
1) ズーミングした範囲を記憶
2) キッチンのコンロ部分をズーミング
3) 記憶した範囲を表示
4) 記憶範囲を解除
5) 図面全体を表示

〈解答〉
1) 左に両ドラッグ

2) コンロを囲むように両ドラッグ

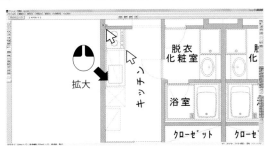
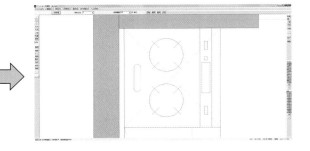

3) 左上に両ドラッグ

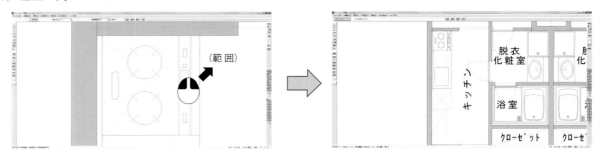

POINT ●範囲記憶を行った場合、右上に両ドラッグすると図面全体の代わりに記憶された範囲が表示されます。
図面全体を表示する場合は、4)のように範囲解除を行う必要があります。

4) 右に両ドラッグ

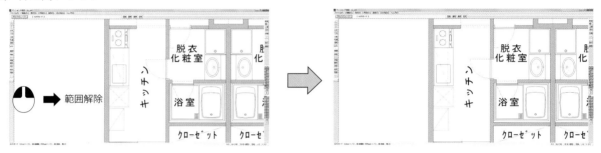

5) 右上に両ドラッグ

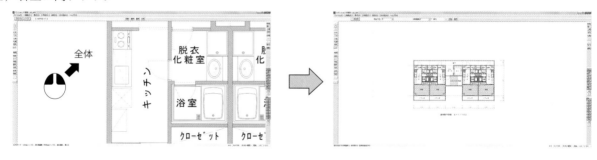

POINT ●ズーミングのマウスワークをまとめると、右図のようになります。

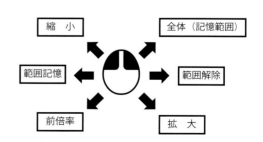

11　グループ・レイヤ

❖レイヤとは？

　CADにはレイヤ（layer、「層」あるいは「重なり」という意味）という機能が用意されており、図面データを効率的に管理することができます。

　まず、レイヤの概念を説明します。図1のように3枚の透明なフィルムをイメージしてください。№1には中央に「jww」という文字、№2には中央に円、№3には右下に斜線の入った正方形が描かれています。№3を一番下にして、その上に№2、№1の順序で重ねて上からながめると、3枚のフィルムに書かれた図形や文字が重なって、まるで1枚の紙に描かれているかのように見えます。

　レイヤとは、図形や文字が描かれた何枚もの透明なフィルムを重ね合わせ、1枚の図面として表示することができる機能です。パソコン内部にレイヤという「透明な製図用紙」が重ねられていると考えてください。

❖レイヤグループとは？

　レイヤ機能は、他のCADソフトでも使われています。しかし、Jwwでは、0番からF番までの16枚のレイヤをレイヤグループ（以後、単にグループと呼ぶ）という単位で管理しています。Jwwではさらに、このグループが0番からF番まで16個用意されているので、合計16×16＝256枚のレイヤを使用することができます（図2）。

　グループでは、グループごとに独自の縮尺を設定することができます。ただし、同じグループ内のレイヤでは、レイヤごとに異なる縮尺を設定することはできません。

❖なぜレイヤ、グループを使うのか？

　レイヤとグループは、手書き図面には無い概念です。Jwwでもレイヤを意識せず図面を描くことはできます。では、この機能には、どのようなメリットがあるのでしょうか？

(1) 異なる縮尺の図面が混在可能

　前述したようにJwwでは、グループごとに異なった縮尺を設定することができます。したがって、例えば図面枠を縮尺1/1、平面図、立面図、断面図を縮尺1/100、矩計図を縮尺1/20で作成し、1枚の図面として管理できます。

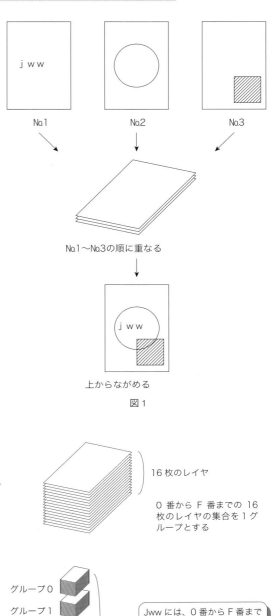

図1

図2

(2) デザインの検討が容易

図3を見てください。今度はNo.1の透明フィルムに正方形が描かれており、No.2、No.3には異なる模様が描かれています。

No.1とNo.2を重ねて上からながめると、斜線が入った正方形になります。次にNo.2を抜いてNo.3と差し替えると、中が塗りつぶされた正方形になります。レイヤとグループを利用すると、このような透明フィルムによるデザインの検討をコンピュータ上で行うことができます。

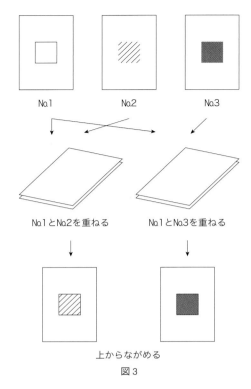

図3

11-1 グループとレイヤの状態

例題 11-1　ズーミングの練習で読み込んだマンション平面図の書込グループと書込レイヤを確認してください。

〈解答〉

1) レイヤバーを確認してください。グループバーと同じように0からFまでのボタンのうち、いずれかが押された状態になっています。右図では、レイヤ9が押された状態になっています。これは現在、グループ0のレイヤ9が一番上に置かれていて、このレイヤに製図できることを示しています。このような状態のレイヤを書込レイヤと呼びます。

2) 次に、グループバーを確認してください。グループ0のボタンが押された状態になっています。これは現在、グループ0が16個のグループの一番上にあることを示しています。このような状態のグループを書込グループと呼びます。

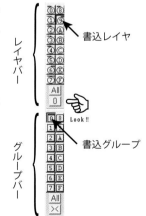

　　Look!!　レイヤバーの一番下の数字は、現在の書込グループを示します。右図では、グループ0が書込グループになっています。

11-2 レイヤの内容を見る

例題 11-2　書込グループのレイヤの内容を確認してください。

〈解答〉
1) 書込レイヤのボタンを右クリックすると、レイヤ一覧が表示されます[*1]。レイヤ一覧から、レイヤ0から9までの10枚のレイヤに図面や文字が書かれていることがわかります。
2) レイヤ番号の横に「芯」、「躯体」、「間仕切り」などの名前があり、レイヤに何が描かれているのかが一目でわかります。レイヤ名の付け方については、後で練習します。
3) レイヤ一覧を閉じるときは、ウインド右上の ✕ ボタンを左クリックします。

　　*1　一般(1)タブの設定で「コモンダイアログを使用する」設定にしていると、内容表示されません（p.20、LOOK!! ②）。

11-3 グループの内容を見る

例題 11-3　グループの内容を確認してください。

〈解答〉
1) 書込グループのボタンを右クリックすると、画面にグループ一覧が表示されます。
2) グループ一覧から、グループ0のみに図面が書かれていることがわかります。グループ0のグループ名は、「一般図」となっています[*2]。
3) グループ一覧を閉じるときは、ウインド右上の ✕ ボタンを左クリックします。

　　*2　マンション平面図（JwwフォルダのAマンション平面例）では、グループ1、グループ2、グループFに、それぞれグループ1、グループ2、グループFとグループ名が付けられています。

11-4 グループバーとレイヤバーの操作

A. 書込グループ、書込レイヤを変更する

例題 11-4a　グループ F のレイヤ 1 を書込レイヤにしてください。

〈解答〉
1) グループバーの F、レイヤバーの 1 を右クリック

POINT ●書込グループと書込レイヤの変更は、希望するグループ番号ボタン、あるいはレイヤ番号ボタンを右クリックします。

＊次の練習のために、グループとレイヤをこの状態にしておいてください。

B. グループ、レイヤの表示状態を変える

例題 11-4b ①　グループ 0 の表示を、非表示→ロック→表示と切り替えてください。

〈解答〉
1) グループバーのグループ 0 ボタンを左クリック。この操作で、画面から図面が消えます。この状態を非表示と呼びます。
2) 非表示となっているグループ 0 のボタンを左クリック。この操作で、画面にグレーの図面が表示されます。この状態をロックと呼びます。ロックは、グループやレイヤの図面を変更できない状態です。
3) ロックされているグループ 0 のボタンを左クリック。この操作で、再び図面が表示されます。この状態を表示と呼びます。

非表示

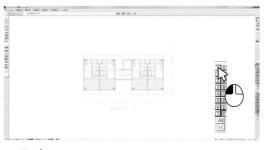

ロック

Look!! ＊グループバーの一番下の ×| を左クリックすると、レイヤが反転表示となり、現在表示されているレイヤが非表示に、ロックまたは非表示になっているレイヤが表示になります。

表示　　　　　　　　　　Look!!

例題11-b② グループ0のレイヤ4とレイヤ5を非表示→ロック→表示と切り替えてください。

〈解答〉
1) レイヤバーのレイヤ4とレイヤ5のボタンを左クリック。この操作で、画面から設備機器と仕上げが消えます（非表示）。
2) 非表示となっているレイヤ4とレイヤ5のボタンを左クリック。この操作で、画面に設備機器と仕上げがグレーで表示されます（ロック）。
3) ロックされているレイヤ4とレイヤ5のボタンを左クリック。この操作で、再び設備機器と仕上げが表示されます（表示）。

POINT
● グループとレイヤの画面表示を左ボタンクリックによって、表示→非表示→ロックの順に切り替えることができます。
● 書込グループと書込レイヤは、表示状態を変えることができません。

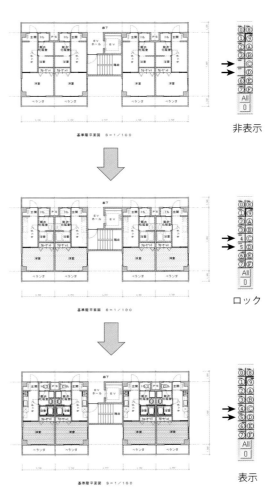

〈アドバイス〉 図形データ存在の表示

advice * 右図のレイヤバーとグループバーを見てください。レイヤとグループのボタン上部に線が表示されている番号があります。この線は、データの存在を示しています。

①左にピンク色の線…レイヤ、グループに図形が存在（レイヤ0、2、3、4、5、8）
②右にピンク色の線…レイヤ、グループに文字が存在（レイヤ6、9）
③左右にピンクの線…レイヤ、グループに図形と文字が存在（レイヤ7）
④赤い線…書込レイヤ、書込グループは赤い線で表示（レイヤ1、グループ0）

＊線の表示がないレイヤ、グループには、データが存在しません。
＊データの存在は、レイヤ、グループの状態に関係なく表示されます。

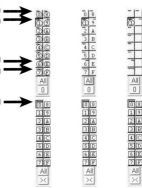

C. 書込グループ、レイヤ以外の表示状態を同時に変える

|例題11-c| グループ0のレイヤ1を書込レイヤとして、他のレイヤを非表示→ロック→表示と切り替えてください。

〈解答〉
1) グループ0－レイヤ1を書込レイヤにする
2) レイヤバーの All を左クリック。この操作で、躯体以外の表示が画面から消えます（非表示）。
3) レイヤバーの All を左クリック。この操作で、躯体以外の表示がグレーで表示されます（ロック）。
4) レイヤバーの All を左クリック。この操作で、図面全部が再表示されます（表示）。

POINT ●レイヤバーの All を左クリックすると、書込レイヤ以外の表示状態を非表示→ロック→表示と切り替えることができます。特定のレイヤで製図したいときに使用すると便利です。
　●グループバーの All を左クリックすると、書込グループ以外の表示状態を切り替えることができます。

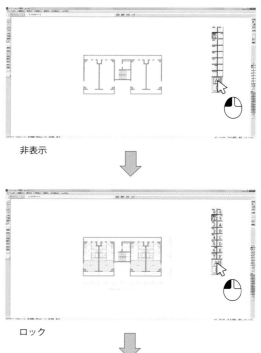

非表示

ロック

表示

12　グループ・レイヤの管理 F5

　ここでは、「6章　製図演習」で使用するファイルのグループとレイヤの設定を行い、データディスクに保存します。

|例題12-1| 新しいファイルのグループとレイヤに、右の表に示す名前を付けてください。

グループ1:平面図

レイヤ番号	レイヤ名	レイヤ番号	レイヤ名
0	壁心	7	文字
1	躯体	8	寸法
2	間仕切り	9	ハッチ
3	外形線	A	ソリッド
4	建具	B	線記号変形
5	設備機器	F	補助線
6	仕上げ		

グループF:図面枠

レイヤ番号	レイヤ名
0	図面枠
1	文字
F	補助線

〈解答〉
1) コマンドバー を左クリック*
2) 9-1で保存した環境設定ファイルを読み込む
3)

* このとき、画面上にマンション平面図が表示された状態で「マンション平面図を保存しますか？」というウインドが表示されたときは、「いいえ」を左クリックしてください。

4)
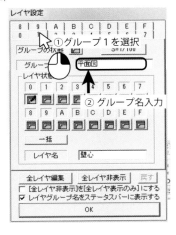 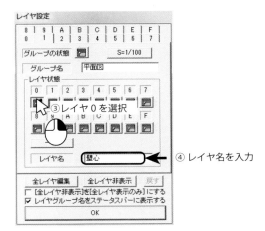

5) 他のレイヤとグループについて、①から④までの操作を繰り返す
6)  を左クリック
7) レイヤ一覧とグループ一覧で名前を確認

〈アドバイス〉他の方法
グループ名やレイヤ名は、グループ一覧とレイヤ一覧の番号を左クリックしても記入できます。

例題 12-2　このファイルを「製図演習」という名前で、データディスクに保存してください。また、環境設定ファイルを「製図演習環境設定」という名前で、データディスクに保存してください。これらのファイルは「6章　製図演習」で使用します。

〈解答〉
1) 例題 9-1 および例題 9-2 の手順（p.26）で保存

3章 範囲指定と属性コントロール

範囲指定

13 範囲選択 X 範囲

　範囲選択は、他のコマンドを使う前にその適用範囲を指定するコマンドです。Jwwには範囲を指定してから図形を処理するコマンドが多いので、範囲選択は利用頻度が高いコマンドです。

13-1 範囲を指定する

　Jww の移動、コピー、消去などのコマンドで、対象となる図形や文字を選択します。

例題13-1　右図のような4本の直線を選択してください。直線の長さは任意です。

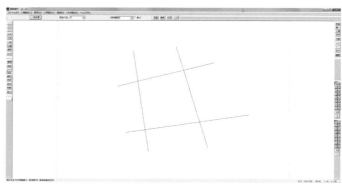

〈解答〉

1) X
2)

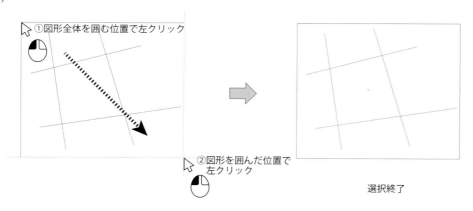

選択終了

POINT ●選択された線は、ピンク色で表示されます。もし、線色が変わっていなければ、その線は選択されていません。

☆クロックメニュー

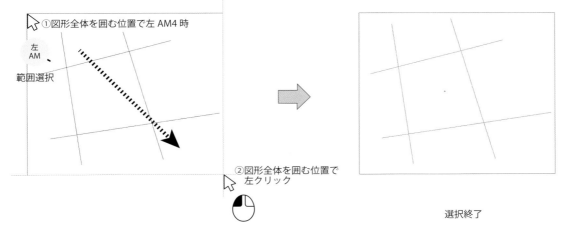

POINT ● 正確に左 AM4 時を指示してください。AM5 時が選択されると、まったく違う結果になります。

13-2 一部が含まれる図形も選択する

13-1 の方法では、ラバーバンド(マウスの動きによって引き出される赤い線)の内部に全体が含まれない図形は選択されません。一部が含まれる図形を選択するには、次のようにします。

例題 13-2　例題 13-1 の図形について、一部が範囲に含まれるように範囲指定(全体を囲まない)して、図形を選択してください。

〈解答〉
1)

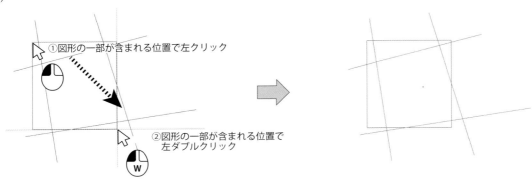

POINT ● 範囲コマンドにおけるクリック方法
・選択終了時に左クリック　　……範囲内に完全に収まる図形のみ選択
・選択終了時に左ダブルクリック……範囲内に一部が含まれる図形も選択
・選択された線は、ピンク色で表示されます。

演習 13-2　例題 13-2 をクロックメニューで行ってください。

13-3 選択範囲へ線を追加・除外する

範囲指定後、範囲に含まれていない線を左クリックすると、範囲に追加できます。逆に選択されている図形を左クリックすると、消去範囲から除外できます。

|例題 13-3| 例題 13-2 で選択した線の 2 本を除外した後、1 本を再選択してください。

〈解答〉
1)

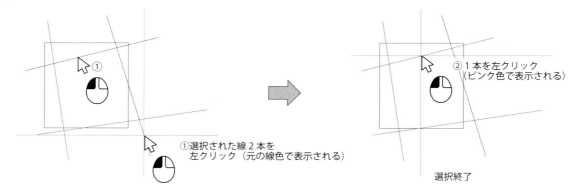

13-4 追加範囲と除外範囲

範囲指定後、 Space を押すと他の図形を範囲指定して追加できます。また、 Shift + Space で範囲指定して除外できます。

|例題 13-4| 右図の 2 つの図形のうち、左側を範囲選択した後、右側を範囲指定で追加してください。次に左側を範囲指定で除外してください。

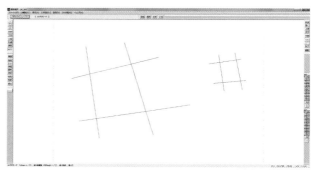

〈解答〉
1) 左側を範囲指定
2) Space → 右側を範囲指定
3) Shift + Space → 左側を範囲指定

画面表示に注目
Look!!　Space を押すと、画面左上に「追加範囲」と表示されます。また、
Shift + Space を押すと、画面左上に「除外範囲」と表示されます。

〈アドバイス〉**範囲指定コマンドと組み合わせて使用できるコマンド**

* 消去、複線、ハッチ、移動、複写、データ整理、属性選択では、処理範囲を範囲指定コマンドで先に指定できます。特に移動コマンドと複写コマンドでは、この方法が便利です。

* 包絡とパラメトリックは、サブコマンドで範囲指定をします。先に範囲指定コマンドを使うことはできません。

13-5　範囲外を選択する

指定した範囲外にある図形を指定します。画面上のすべての図形を選択するときに便利です。

例題 13-5　例題 13-1 の図形を「範囲外選択」により選択してください。

〈解答〉
1)

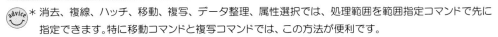

2) 図形がない場所を範囲指定

POINT ●範囲外指定でも、線の追加・除外、追加範囲、除外範囲が使用できます。

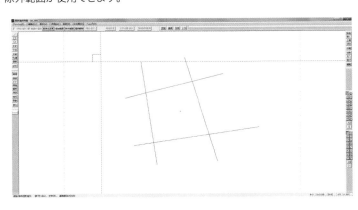

属性コントロール

14　属性選択・変更

Jww の図面で使用されている要素（線、文字など）は、いくつかの属性を持っています。例えば、ズーミングの練習で使用したマンション平面図の壁心は、次のような属性を持っています。

①線色：1、②線種：一点鎖線1、③グループ0、④レイヤ0

Jww は、図面の中から属性を指定して図形を取り出し、その図形に対して、コマンドを実行できます。また、取り出した図形の属性を変更できます。ここでは、マンション平面図を使って練習を行います。まず、マンション平面図を開いてください。

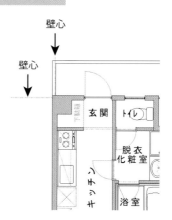

14-1　属性選択の方法

例題14-1　Jww フォルダにある「A マンション平面例」から壁芯を選択してください。

〈解答〉

1)

2)

〈アドバイス〉【重要】文字を含めて選択
文字を含めて選択する場合は、終点を右クリックします。

3)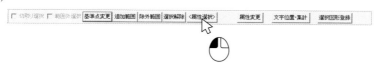

4)

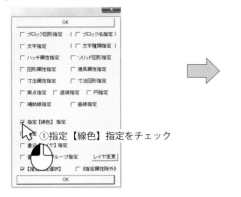

5)

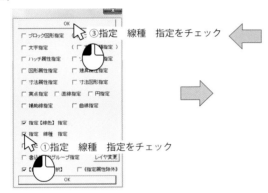

6) 壁芯の一点鎖線のみが選択される（ピンク色で表示）。

POINT ●「Aマンション平面例」で、線色：1かつ線種：一点鎖線1の属性を持つ要素は壁芯のみです。

14-2　属性を変更する

例題14-2　「Aマンション平面例」を、グループAの同じ番号のレイヤに移動してください。

〈解答〉

1) ｜X｜

2)

3) [A] を書込グループにする
4)

POINT ● 2)で選択された線や文字が属性変更の対象になります。

5)

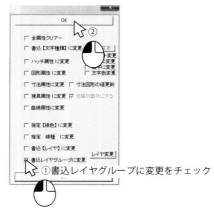

6) グループバーでデータがグループ A に移動していることを確認（右図）

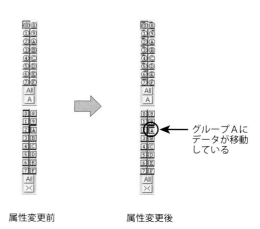

属性変更前　　　属性変更後

グループ A に
データが移動
している

POINT ●コントロールバーの属性変更で、選択された要素の属性を変更できます。

演習 14-2　ハッチ（洋室のフローリング）を線色 3 に変更してください。

♪〈ヒント〉　属性選択でハッチ属性指定を選び、属性変更で線色を変更する。

4章
作図コマンド

描画

15 線 Ｓ

15-1 斜線を引く

まず、線を引くコマンドの練習をします。このコマンドは、鉛筆に相当する最も基本的なコマンドです。

例題 15-1　任意の斜線を引いてください。

〈解答〉

1) Ｓ

2)

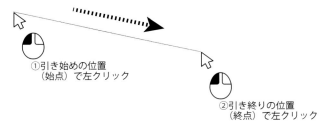

①引き始めの位置（始点）で左クリック
②引き終りの位置（終点）で左クリック

メッセージに注目!
Look!!　Jwwでは、画面左下のメッセージにコマンドに応じた情報が表示されます。線コマンドでは、次のような情報が表示されます。

1. ガイダンス …次の操作。ここで L は左クリック、R は右クリックを表す
2. 線の角度……Jwwでは、角度は左回りに＋となる。－は右回りの角度を表す
3. 線の長さ

＊初心者にとって、ガイダンスは便利な機能です。操作に迷ったら、ここを確認するようにしてください。

15-2 水平線・垂直線を引く

建築図面では、垂線と水平線を多用します。Jww には、直線を垂線と水平線に固定して描画する機能があります。

|例題 15-2| 任意の垂線、水平線を引いてください。

〈解答〉

1) [S]

2)

3)

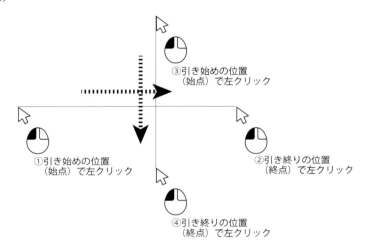

15-3 交点や端点に合わせて線を引く

Jww では、マウスの右クリックにより、線の端部や交点を読み取ることができます。

|例題 15-3| 右図のように例題 15-2 で引いた線の端点を結ぶ直線を 2 本引いてください。

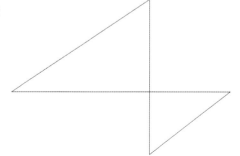

〈解答〉

1) [S]

2)

3)

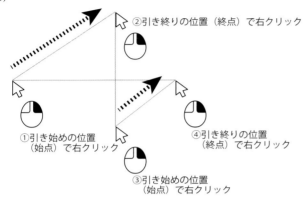

- ①引き始めの位置（始点）で右クリック
- ②引き終りの位置（終点）で右クリック
- ③引き始めの位置（始点）で右クリック
- ④引き終りの位置（終点）で右クリック

POINT
- 右クリックには、線の端部や交点を読みとる機能があります。
- 端部に合わせて右クリックすると、交点を読み取ったことを示す水色の点（○）が表示されます。
- 端部や交点以外で右クリックすると、点がありません と表示されます。

〈アドバイス〉左クリックと右クリックの違い

* Jwwでは、左クリックと右クリックを使い分けます。線コマンドの他、多くのコマンドで線の端点や交点を正確に読み取るのに右クリックを使用します。確認してみましょう。

1) 図のように水平線の端部に合わせて、片方は左クリックで、もう一方は右クリックで垂線を引いてください。
2) 交点を拡大してください。

左クリックで引いたものは、何回かズーミングすると交点がずれていることがわかります。それに対して右クリックで引いたものは、どこまでズーミングしても交点が正確に交わっていることがわかります。特に建築図面の作成においては、「正確な位置指定には右クリック」を習慣づけてください。

演習15-3 2組の交差する直線を引いた後、交点を結ぶ直線を引いてください。

15-4　長さと角度を指定して引く

直線の長さや角度を指定する方法を練習します。

例題15-4　水平線に 70°で交差する直線を引いてください。直線の長さは、両方とも 10,000mm とします。

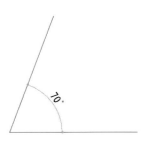

〈解答〉

1) **S**

2)
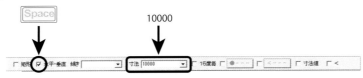

3)
①水平線の始点で左クリック　②左クリックで確定

4)

5)
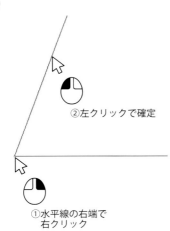
①水平線の右端で右クリック　②左クリックで確定

POINT ● Jww の角度指定は、左回りを＋、右回りを－で行います。

〈アドバイス〉前回のデータが残っていたら
任意の線を引く場合、コマンドバーのボックスに以前のデータが残っていたら、消去するか、ボックスの▼で（無指定）を選択してください。

演習 15-4 1辺の長さ 8,000mm の正三角形を作図してください。

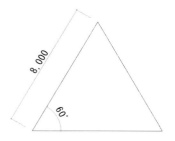

 〈ヒント〉 傾きを 60°と− 60°で指定する。

〈アドバイス〉数値の履歴による入力
 数値の入力ボックスの右側の▼を左クリックすると、過去に使用した数値一覧が表示されます。希望する数値を左クリックすると、ボックスに入力できます。

〈アドバイス〉線の角度を 15°単位で変える
Shift + Space で角度を 15°単位で変えて線を引くことができます（このとき、水平・垂直のチェックは関係ありません）。

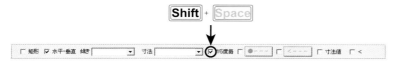

15-5 線色を変えて線を引く F

Jww には 9 つの線色（1 色は補助線色）が用意されています。これらの色を断面線、外形線などに割り当てて使用します。

例題 15-5 線色 1 から線色 8、そして補助線色と色を変えて 9 本の水平線を引いてください。線種は任意とします。

〈解答〉

1) **S**

2)

3) **F**

4)

POINT
● 選択した後、線属性バーの表示を確認してください。
● 線色を右クリックすると基本設定ウインドの色・画面タブが開くので、注意してください。

5) 水平線を引く

15-6 線種を変えて線を引く F

Jwwには9つの線種が用意されています。外形線や壁心、想像線などに使い分けます。

例題 15-6 実線、点線1、点線2、点線3、一点鎖線1、一点鎖線2、二点鎖線1、二点鎖線2、補助線と線種を変えて、9本の水平線を引いてください。線色は任意とします。

〈解答〉

1) S

2)

3) F （=、線属性）

4)

希望する線種を左ダブルクリック

〈アドバイス〉線の条件変更のタイミング

Jwwでは、直線描画中でも、水平・垂直、傾き、寸法、線色、線種を変更できます。例題15-5と例題15-6では、水平線の描画中に F で線属性を呼び出し、線色や線種を変えることができます。

5) 水平線を引く

〈アドバイス〉補助線色、補助線の活用

補助線（補助線種）は、画面に表示されても印刷されない線です。また、補助線色を使った線は、どの線種でも補助線となり印刷されません。補助線は、図形の位置決めなどに便利です。

15-7 レイヤ・グループを指定して線を引く

「11 グループ・レイヤ」の項で説明したように、Jwwによる製図では、図面を構成する要素によってレイヤを使い分けます。

例題 15-7 製図条件に示されたグループとレイヤに指定された水平線を引いてください。線の長さは任意とします。

〈製図条件〉
　　グループ0－レイヤ0　　線色2　　実線　　　水平線
　　グループ0－レイヤ1　　線色2　　点線2　　水平線
　　グループ1－レイヤ0　　線色8　　実線　　　垂線
　　グループ1－レイヤ1　　線色8　　点線2　　垂線

〈解答〉

1) [S]

2)

3) グループ 0 を書込グループ、レイヤ 0 を書込レイヤにする

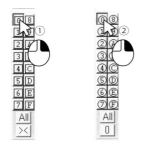

　　グループ 0 選択　　レイヤ 0 選択

4) [F]　　線色 2、実線を選択

5) 水平線を引く

6) グループ、レイヤ、線色、線種を変えて水平線を引く

POINT ● 書込グループ、書込レイヤを変更するときは、必ずグループバー、レイヤバーのボタンを右クリックしてください。

15-8 情報を取得して線を引く

情報コマンドは、線の長さや傾きなどの情報を取得して、線コマンドに渡すことができます。情報コマンドは、線コマンドの使用中に割り込み利用することができます。

①線角度 [A]

描かれている線の傾斜を測定します。新しく線を引く場合、傾きボックスにその値が自動的に入力されます。

|例題 15-8a|　任意の直線に平行な線を引いてください。

〈解答〉

1) [S]

2) [A]

3) 右図のように操作を行う

POINT ● ①で線の角度を読み取ります。コントロールバーの傾きボックスを確認してください。

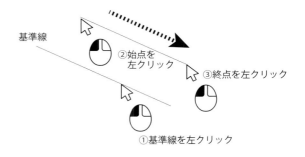

2 鉛直角　Shift + A

　描かれている線に垂直な角度を測定します。新しく線を引く場合、傾きボックスに値が自動的に入力されます。

例題 15-8b　任意の直線に垂直な線を引いてください。

〈解答〉

1) S

2) Shift + A

3) 右図のように操作を行う

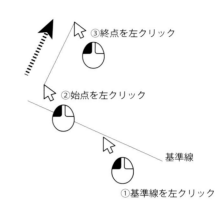

POINT ◉ ①で線の鉛直角を読み取ります。傾きボックスを確認してください。

3 中心点取得　Q

　描かれている線、円、円弧の中心点を取得します。

例題 15-8c　任意の直線の中心から線を引いてください。

〈解答〉

1) S

2) Q

3) 右図のように操作を行う

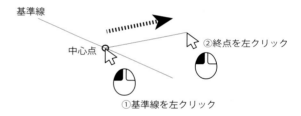

POINT ◉ ①で線の中心点を読み取ります。基準線の中心点を始点として、線が引き出されます。
　　　◉ 長方形の中心（重心）は取得できません。

4 線上点取得　Shift + Q

　描かれている線、円、円弧上にある点を取得します。

例題 15-8d　任意の直線の上から直線を引いてください。

〈解答〉

1) S

2) Shift + Q

3) 右図のように操作を行う

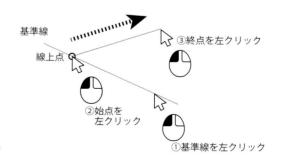

POINT ◉ ①で線上点を読み取ります。基準線との交点を拡大して、ずれがないことを確認してください。

演習 15-8　任意の直線の中心から鉛直線を引いてください。

♪〈ヒント〉　`Shift` + `A` で鉛直角取得して、`Q` で中心点を取得する。

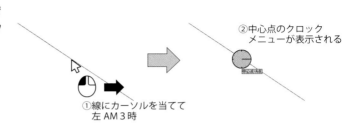

〈アドバイス〉クロックメニューによる情報取得

＊ クロックメニューを使用しても情報取得ができます。線や円にカーソルを当てて、クロックメニューを実行します。

　線　角　度………右 PM4 時
　鉛　直　角………右 PM1 時
　中心点取得……右 AM3 時
　線上点取得……右 AM9 時

15-9　属性取得　左 AM6 時

描かれている線色、線種、グループ、レイヤといった属性を取得するコマンドです。

例題 15-9　下記の各線の属性取得を行い、線種バーとレイヤ、グループバーの表示を確認してください。

1. グループ 0 －レイヤ 0、線色 1、実線
2. グループ 1 －レイヤ 1、線色 2、点線 1
3. グループ 2 －レイヤ 2、線色 3、一点鎖線 2

〈解答〉
1)

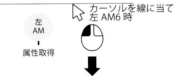

POINT 変更条件の反映

- 属性取得コマンドにより、線のグループ、レイヤ、線色、線種が読み取られます。これらの属性は、この後に描く図形に反映されます。
- 線色・線種情報、レイヤバー、グループバーをチェックして、変更を確認してください。

〈アドバイス〉　`Tab` による属性取得

属性取得は、クロックメニューで簡単にできますが、`Tab` で行うこともできます。

① `Tab`
② 目的の線を左クリック

・`Tab` を押した後、右クリックしないでください。表示レイヤと非表示レイヤが反転表示されます。元に戻すには、もう一度画面をクリックしてください。

・読み取った属性は、次の線や文字に反映されます。読み取られる属性は次のとおりです。

　＊線、円、円弧、点　…線色、線種、グループ、レイヤ
　＊文字　　　　　　　…文字種（幅、高さ、間隔、色）、グループ、レイヤ
　＊寸法　　　　　　　…グループ、レイヤ
　＊ソリッド図形　　　…色、グループ、レイヤ

15-10 屋根勾配の入力

Jwwでは、屋根勾配を自動的に角度に変換して描くことができます。

例題 15-10 傾き 4/10（4寸勾配）の線を引いてください。
線の長さは 10,000mm とします。

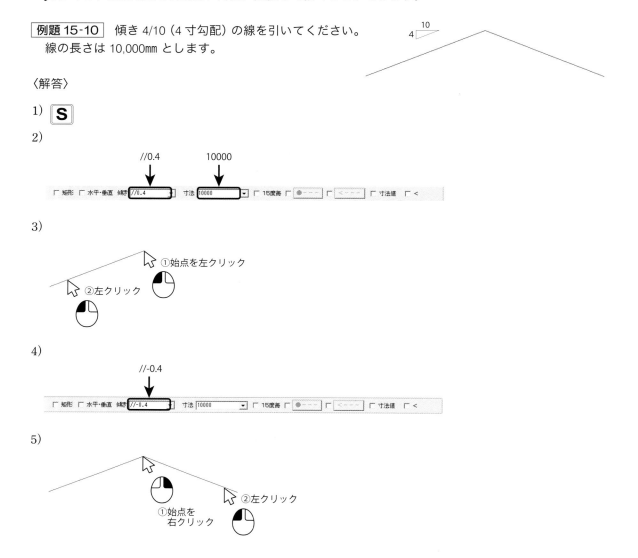

〈解答〉

1) [S]

2) //0.4　　10000

3) ①始点を左クリック　②左クリック

4) //-0.4

5) ①始点を右クリック　②左クリック

POINT ●傾きのボックスに //0.4(右上がり)、// − 0.4(右下がり)と入力するだけで、屋根の勾配の斜線を引くことができます。ぜひ覚えておきたい機能です。

16 消去 E　消去

消去は、図形を消すコマンドです。このコマンドは、手書き図面でいえば、消しゴムに相当します。

16-1　直線を消す

1本の直線を消去する方法です。このコマンドでは、クロックメニューを使う方法も便利です。

|例題 16-1|　直線を引いて、その線を消してください。

〈解答〉

1) E

2)

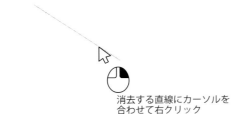
消去する直線にカーソルを合わせて右クリック

＊クロックメニューを使う

消去する直線にカーソルを合わせて、右AM10時

〈アドバイス〉間違って消してしまった！ Z 戻る

 必要な線なのに間違って消してしまった！ こんなときは、あわてずに Z を押してください。これは、UNDOというコントロールコマンドです。UNDOを実行するごとに、1段階ずつ前の操作終了時に戻ることができます。クロックメニューでは、右AM4時となります。

〈アドバイス〉やり直し！ Shift + Z

 逆に1段階進む場合は、Shift + Z を押してください。これは、REDOというコントロールコマンドです。クロックメニューでは、右AM5時となります。

16-2　線の一部を消す

直線の一部を消す方法です。手書き図面で字消し板を使うのに相当します。

|例題 16-2|　直線を引いて、右図のように一部を消去してください。

〈解答〉

1)　[E]

2)

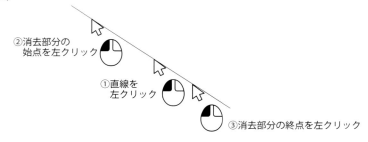

16-3　線の交点・端部を読み取って消す

消去コマンドでも、右クリックは端点や交点の座標を読み取ります。

|例題 16-3|　右図のような 4 本の直線を、消去コマンドを用いて長方形にしてください。

〈解答〉

1)　[E]

2)

3)　他の辺について 2) の操作を繰り返す

<アドバイス〉線の指示について

例題 16-3 の図形は単純なので、マウスクリックによる線の指示を間違うことはないでしょう。しかし、図面の入り組んだ部分では、目的の部分を十分にズーミングしないと、目的以外の線が指示されてしまうことがあります。

また、線の指示を2本の線の交点付近で行うと、異なる線が選択されることがあります。したがって、交点から十分に離れた部分、すなわち「明らかに目的の線」であることが分かる部分でクリックすべきです。

[演習 16-3] 例題 16-3 を消去コマンドを用いて、右図のような図形にしてください。

16-4 範囲を指定して消去する

範囲を指定して、消去する方法を練習します。先に範囲指定をしておくと簡単です。

[例題 16-4] 任意の長さの直線を6本引いた後、範囲指定により直線A以外の全線を消去してください。

〈解答〉

1) [X]　図形全体を選択

2) 直線Aを左クリック

3) [E]

POINT ● 例題のように多くの線の中から1本を残して消去する場合、まず全体を範囲指定してから残す線を除外して、消去コマンドを使用すると効率的です。

＊クロックメニューを使う

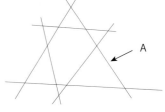

①図形全体を囲む位置で左 AM4 時
②図形全体を囲む位置で左クリック
③直線Aを左クリック
④右 AM10 時

〈アドバイス〉消去コマンドから範囲指定をして消去する

 範囲コマンドと併用せずに、消去コマンドだけで範囲を指定して消去することもできます。しかし、この方法では、コントロールバーの 範囲選択消去 ボタンを押してから、さらに 選択確定 ボタンを押す必要があります。

消去コマンドは、使用頻度が非常に高いコマンドです。したがって製図作業全体を考えると、X で範囲指定をしてから E で消去する操作のほうが、効率がよいことがわかります。

16-5 属性選択による消去方法

例題 16-5 マンション平面図を読み込んで、図面からキッチンや便器などの設備機器とエレベーターを消去してください。

〈解答〉

1) X 図形全体を選択

2)
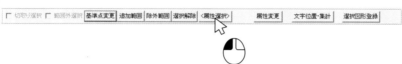

3)

①「図形属性指定」をチェック

POINT ● 設備機器とエレベーターは、図形属性を持ちます。

4) 選択された属性を持つ図形がピンク色で表示される

5) E

演習 16-5 Aマンション平面例から寸法を消去してください。

♬〈ヒント〉 寸法属性指定をチェックする。

16-6 重複する線を消す Ctrl + E

同グループの同レイヤに異なる線色、線種の線が重なっている場合、希望する線を消去する方法を確認してください。まず、同じレイヤに線色2の実線と線色8の点線2を重ねて描いてください（2本目の線は、右クリックで最初の線の始点と終点を指定）。

例題 16-6a 線色2の実線を消去してください。

〈解答〉

1) [F] 線色2、実線を選択

2) [E]

3) [Ctrl] を押しながら線を右クリック

4) 画面で両クリックすると、線色8の点線2が再表示される

＊[Z] で戻ってください。

例題 16-6b 線色8の点線2を消去してください。

〈解答〉

1) [F] 線色8、点線2を選択

2) [E]

3) [Ctrl] を押しながら線を右クリック

4) 画面で両クリックすると、線色2の実線が再表示される

POINT ●重複する線を消去するときは、まず線属性コマンドで消去する線色と線種を指定します。次に [Ctrl] を押しながら線をクリック（全線消去は右クリック、一部消去は左クリック）します。

＊クロックメニューを使う

〈アドバイス〉重複データの選択方法

例題 16-6 では、[Ctrl] を使って同グループ・レイヤの重複する線の選択方法を紹介しました。他にも、次のような選択方法があります。

● 書込レイヤの線を消去（線色・線種は無関係）

● 書込レイヤの指定された線色・線種を選択

これらの方法は、消去コマンドの他、線を指示する伸縮コマンド（参照 p.109）やコーナーコマンド（参照 p.115）などでも使用できます。

16-7　一括処理

この機能は、2本の直線に挟まれた部分を一括して消去する機能です。

例題 16-7　線 A と線 B に挟まれた直線部分をすべて消去してください。

〈解答〉

1) E

2) Space

　　POINT ● コントロールバーの 一括処理 を左クリックしても一括処理を開始
　　　　　できますが、Space を押したほうが効率的です。

3)

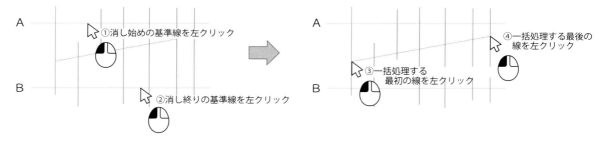

　　POINT ● ③と④で引き出される指示線（赤い点線）は、線 A と
　　　　　線 B に挟まれるすべての線と交差するようにします。

4) ［左AM］で実行
　　処理実行

　　POINT ● 一括消去は、コマンドバーの 処理実行 を左クリックしても実行
　　　　　できます。

17 矩形 R □

長方形や正方形を描くコマンドです。長方形は平面図形ですが、Jwwでは「面」としてではなく、「直角に結合した4本の線」として扱われます。

17-1 任意の長方形を描く

|例題 17-1| 任意の長方形を描いてください。

〈解答〉

1) R

2)

無指定または空欄　　無指定または空欄

3)

①始点で左クリック

②終点で左クリック

17-2 大きさを指定して長方形を描く

|例題 17-2| 横 10,000mm、縦 5,000mm の長方形を任意の場所に描いてください。
〈製図条件〉
線色2、実線

〈解答〉

〈アドバイス〉区切りの「,」は「..」で OK！
Jww では、区切りの,(カンマ)は ..(半角のピリオド2個)で代用できます。これは非常に便利な機能です。

1) R

2)

10000..5000

3) 寸法入力後に表示された長方形を作図ウインドで2回左クリック
4) で終了
   AUTO

〈アドバイス〉
長方形の描画を終了するときには、左AM9時でAUTOコマンドを選択します。

POINT ● 長方形の寸法は、(横の辺長)、(縦の辺長)で入力します。1個の長方形を描き終えても、作図ウインド には同じサイズの赤い長方形が表示されます。このままマウスをクリックすると連続して同じ長方形を描 くことができます。

〈アドバイス〉数値入力ボックスの計算機能

Jww の数値入力ボックスに計算式を入力して、その結果を利用できます。例えば、短辺の長さが 3,000㎜ の黄金比を持つ長方形を描くときは、3000..3000 * 1.618 と入力します。

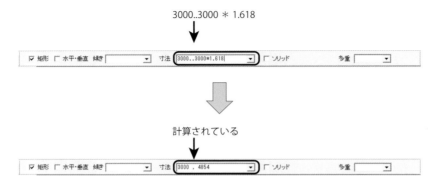

17-3 基点を変えて描く

例題 17-3　1辺が 5,000mm の正方形の 4 つの頂点に、横 10,000mm、縦 5,000mm の長方形 を配置してください。

〈製図条件〉
　　正方形：線色 3、実線
　　長方形：線色 2、実線

〈解答〉

1) **R**

4) **F**　線色 3、実線を選択

3)

〈アドバイス〉正方形の寸法入力

正方形は、すべての辺の長さが同じなので、1 辺の長さだけを寸法に入力します。

4) 作図ウインド中央付近に正方形を描く

5) **F**　線色 2、実線を選択

6)

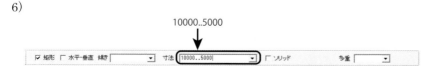

7)

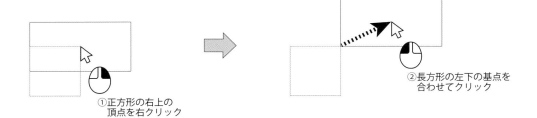

①正方形の右上の
頂点を右クリック

②長方形の左下の基点を
合わせてクリック

8) 正方形の残りの頂点で繰り返す

POINT
● 矩形コマンドでは、長方形（正方形を含む）の配置を、(1) 中心点の位置を決める、(2) 基点を決める、という2段階で行います。
● 長方形の基点は、右図のように9ヶ所あります。

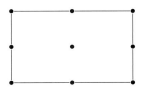

演習 17-3　1辺3,000mmの正方形を組み合わせて、右図のような図形を描いてください。（巻末解答）

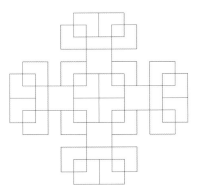

17-4　傾斜した長方形を描く

　傾斜した四角形を描くとき、傾斜角度は左回りに設定されます。また、コントロールバーの ☐ 水平･垂直 にチェックが入っていたら、[Shift] + [Space] で外してください。ここにチェックが入っていると、傾斜した長方形を描くことができません。

例題 17-4　長辺8,000mm、短辺3,000mmの長方形を8個組み合わせて、右図のような図形を描いてください。

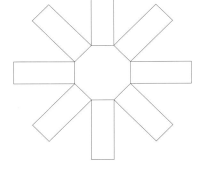

1) ［R］

2)

3) 最初の長方形を描く

4)

5) 傾きを45°ずつ変化させて長方形を描く

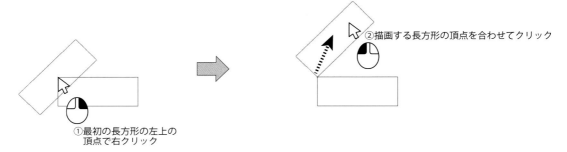

<アドバイス> 長方形を90°回転させる

 ［Space］を押すと、傾きボックスに数値を入力しなくても描画中の長方形を90°回転できます。ただし、コントロールバーの「水平・垂直」にチェックが入っていたら回転できません。［Shift］＋［Space］で外してください。

18 複線 D 複線

　これから徐々に「CADらしい」コマンドを練習します。まず、線を一定の間隔で複写する複線コマンドの練習です。

18-1　線を複線化する

例題 18-1　任意の直線を任意の間隔で複線化してください。

〈解答〉

1) D
2)

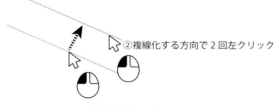

POINT ●最初のクリックで複線の幅を決め、2回目のクリックで複線化する方向を指定します。

18-2　間隔を指定して線を複線化する

　実際の製図では、多くの場合、線の間隔を数値で指定して複線コマンドを使用します。

例題 18-2　任意の直線を間隔 10,000mm で複線化してください。

〈解答〉

1) D
2)

3)

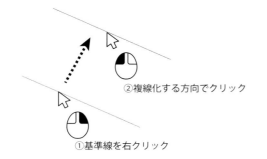

 ●間隔を指定して複線化する場合、基準線は右クリックで指示します。左クリックすると、入力した値が無視されます。

〈アドバイス〉前回と同じ幅で複線化する

複線コマンドを選択した後、基準線を右クリックすると、前回と同じ幅（複線間隔ボックスに表示されている数値）で複線化できます。

18-3　線色、線種を変えて複線化する

複線コマンドは、線色や線種を変えて線を複線化できます。

例題 18-3　　線色 1 の補助線を間隔 10,000mm で複線化してください。
〈製図条件〉
　　複線：線色 2、実線

〈解答〉

1) **D**

2) **F**　　線色 2、実線を選択

3)

4)
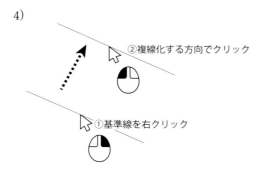

18-4 連続して複線化する

複線コマンドは、壁芯となるグリッドを作成するのに便利です。

例題18-4　間隔910mmのグリッドを作成してください。グリッドの本数は縦横10本とします。
〈製図条件〉
　グリッド：線色5、一点鎖線2

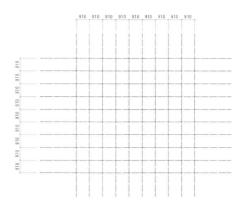

〈解答〉

1) [F]　線色5、一点鎖線2を選択

2) [S]　基準となる水平線、垂線を引く

3) [D]

4)

5)

　①基準線を左クリック
　②複線化する方向で右クリック

6)

　9回クリック

7) 水平線について繰り返す。このとき、基準線を右クリックすると、同じ間隔で複線化できる。

POINT ●連続して複線化する場合、コントロールバーの 連線 をクリックする。

|演習 18-4| 間隔 7,000mm のグリッド 4 本を作成し、交点に 1,000mm 角の柱を配置してください。（巻末解答）

〈製図条件〉
　グリッド：グループ 0 －レイヤ F、線色 1、補助線
　柱：グループ 0 －レイヤ 0、線色 2、実線

〈アドバイス〉複線間隔を 2 分の 1 にする、2 倍にする

　複線間隔に入力された値をスペースキーの操作で変更できます。
　　　　＊ 2 分の 1 にする……Space
　　　　＊ 2 倍にする　　……Shift ＋ Space

18-5　始点と終点を指定して複線化する

　ここまでは、元の線と同じ長さで複線化しましたが、Jww では、複線の始点と終点を指定して描くことができます。

|例題 18-5| 間隔 7,000mm で、元の線の下方にその線より長く複線化してください。

〈解答〉

1) D

2)
7000

3)

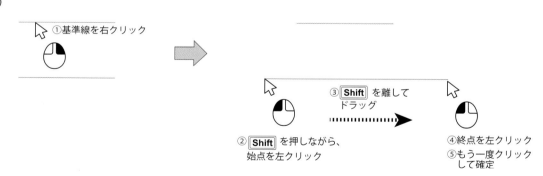

①基準線を右クリック

②Shift を押しながら、始点を左クリック

③Shift を離してドラッグ

④終点を左クリック
⑤もう一度クリックして確定

　●シフトキーを押すのは、始点を指示するときだけです。複線を引いている間は、押し続ける必要はありません。
　●③で終点を指示し、④で確定します。

〈アドバイス〉複線の始点を指示する他の方法

　シフトキーを押す方法の他にも、複線が表示されてから、始点をクロックメニューの 左AM で指定する方法があります。この方法は、実際の製図で有効なテクニックです。

【端点指定】

18-6　指定範囲を複線化する

範囲指定に含まれる線を一度に複線化できます。

例題 18-6　1辺 5,000mm の正方形を範囲指定してから、間隔 500mm で外側に複線化してください。

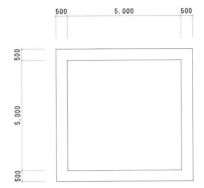

〈解答〉

1) [X]　範囲設定

2) [D]

3)

4) 複線化する方向で左クリック

〈アドバイス〉両側に複線化する

コントロールバーで複線間隔を指定した後、[両側複線] を左クリックすると、基準線の両側に複線化できます。

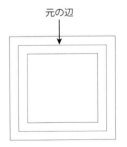

元の辺

〈アドバイス〉複線間隔を2分の1にする、2倍にする

複線の間隔をスペースキーの操作で変更できます。モジュールを使って壁芯の間隔を変更する時に便利です。

* 2分の1にする……[Space]
* 2倍にする　………[Shift] + [Space]

19 2線 W 2線

基準線（直線）の両側に2本の線を同時に引くコマンドです。壁の作図に便利です。

19-1 等間隔で2線を引く

異なるレイヤに2線を引く練習をします。まず、グループ1－レイヤ0に線色1の一点鎖線2を引いてください。長さは任意です。

例題 19-1　グループ1－レイヤ0の一点鎖線を基準線として、間隔500mmの2線を引いてください。
〈製図条件〉
　2線：グループ1－レイヤ1、線色2、実線、長さは任意

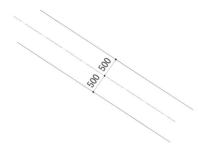

〈解答〉

1) F　　線色2、実線を選択

2) グループ1－レイヤ1を書き込みレイヤにする

3) W

4)

5) ①一点鎖線を左クリック
　②始点を左クリック
　③終点で左クリック

POINT ● 2線コマンドでは、最初に基準線との間隔を指定します。
● 終点を左クリックした後、マウスを少し動かすのがコツです。

〈アドバイス〉2線の間隔を2分の1にする、2倍にする

advice　2線の間隔をスペースキーの操作で変更できます。
　　＊2分の1にする……… Space
　　＊2倍にする ………… Shift ＋ Space

演習 19-1　例題 19-1 の基準線と同じ長さの2線を引いてください。

♬〈ヒント〉　基準線の両端を右クリックして、始点、終点として指定する。

〈アドバイス〉異なる間隔で2線を引く方法

コントロールバーの 2線の間隔 に2つの値を「..（半角のピリオド2個）」で区切って入力すると、異なる間隔で2線を引くことができます。例えば、「500..2000」と入力すると、基準線に対して左（下）に500㎜、右（上）に2000㎜の2線が引けます。

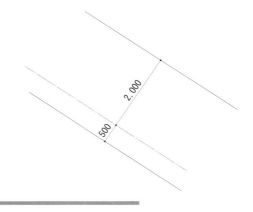

19-2 基準線を変えて2線を引く

このテクニックは、壁を連続して描くのに役立ちます。

例題 19-2　長方形の各辺を基準線として、間隔500㎜の2線を引いてください。
〈製図条件〉
　2線：線色2、実線

〈解答〉

1) 線色2、実線を選択

2) W

3)

4)
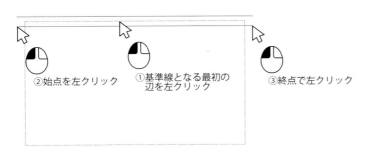

5)

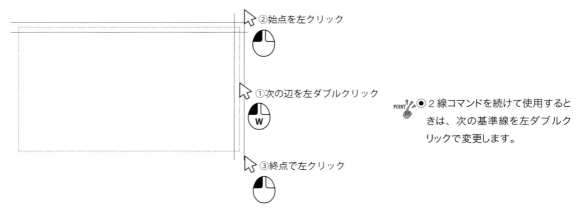

6) 残りの辺について、5) の操作を繰り返す

19-3 連結しながら2線を引く

例題 19-3　長方形の各辺の両側に間隔 500㎜ の連続した2線を引いてください。

〈製図条件〉
　　長方形:グループ1－レイヤ0、線色5、一点鎖線1、大きさは任意
　　2線:グループ1－レイヤ1、線色2、実線、長さは任意

〈解答〉
1) グループ1－レイヤ1を書込レイヤにする

2) F 線色2、実線を選択

3) W

4)

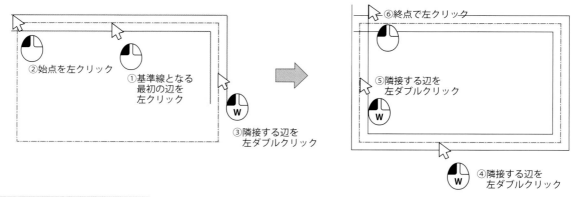

〈アドバイス〉描画終了のクリック
⑥で左クリック後に少しマウスを動かすと、線色が赤から書き込み線色に変わり、描画が終了します。

端部の処理
包絡コマンドにより、右図のように終点の端部を処理できます。包絡コマンドは、p.118 を参照してください。

20　中心線　I　中心線

2線コマンドの逆に、センターラインを引くコマンドです。さらに線や角を2等分する線を引くことができます。図形の位置決めや、基点の設定に便利なコマンドです。

20-1　2本の直線の中心に線を引く

例題 20-1　中心線コマンドを用いて、任意の大きさの長方形の中心点を求めてください。

〈製図条件〉
　　中心線：線色1、補助線

〈解答〉

1) F　線色1、補助線を選択

2) I

3)

POINT ●終点を左クリックした後、ボタンを押さずにマウスを少し動かすのがコツです。

4) もう一組の辺について、繰り返す

20-2　角度を2等分する線を引く

例題 20-2　2線が作る角の二等分線を引いてください。角度は、任意です。

〈製図条件〉
　　二等分線：長さ 20,000㎜、線色5、一点鎖線2

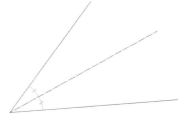

〈解答〉

1) 線色5、一点鎖線2を選択

2) [I]

3)

4)
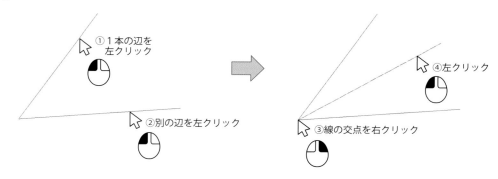

20-3 2点間に2等分線を引く

例題 20-3　任意の斜線を二等分する線を引いてください。

〈解答〉

1) [I]

2)

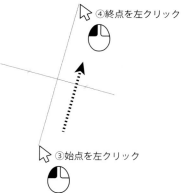

POINT ●中心線コマンドは、点と点との中心に直線を引くことができます。点は、右クリックで指示します。

演習 20-3　半径 3,000mm の 2 円の間に中心線を引いてください。（巻末解答）

♬〈ヒント〉　中心線コマンドを選んだ後、中心点コマンド [Q] で各円の中心を求める。

21 円 O ○

円と円弧を描くこのコマンドは、手書き図面ではコンパスやテンプレートに相当します。

21-1 任意の円を描く

例題 21-1　任意の円を作図してください。

〈解答〉

1) O

2)

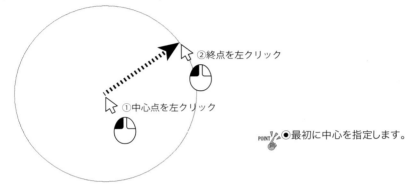

演習 21-1　任意の斜線を半径とする円を、線色 2 の実線で描いてください。（巻末解答）

♪〈ヒント〉　斜線の一端を中心、他端を半径として右クリックする。

21-2 半径の長さを指定して描く

例題 21-2　半径 8,000mm の円を任意の場所に描いてください。
　〈製図条件〉
　　円：線色 2、実線

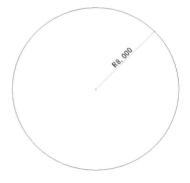

〈解答〉

1) F　線色 2、実線を選択

2) O

3)

8000

4) 任意の位置で左クリック

5) ［左AM］(AUTO) で終了

21-3 円の基点を変える

円コマンドも矩形コマンドのように基点を指定して図形を配置できます。

例題 21-3　1辺の長さ 5,000mm の正方形の頂点に、半径 3,000mm の円を 8 つ配置してください。

〈製図条件〉
　円：線色 2、実線

〈解答〉

1) [F]　線色 2、実線を選択

2) [O]

3)

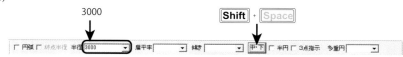

3000　　　Shift + Space

4)

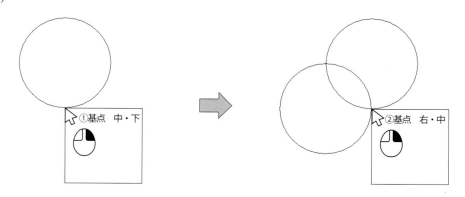

①基点　中・下　　　　②基点　右・中

5) Shift + Space で基点を変えながら、正方形の頂点を右クリック（基点変更については、POINT を参照）

6) ［左AM］(AUTO) で終了

- POINT ◉ 矩形コマンドでは作図中に基点を選択してから長方形を配置するのに対して、円コマンドでは **Shift** + Space で基点を選択してから円を配置します。
  - ◉ 円の基点は、左・上→左・中→左・下→中・下→右・下→右・中→右・上→中・上→中・中と移動します。

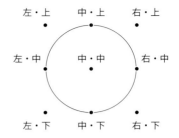

演習 21-3　円の中心点から水平線を引いてください。

♪〈ヒント〉　**Q** を押した後、円をクリックする。

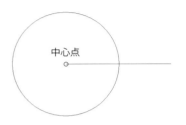

21-4　円弧を描く

円コマンドを選んでから Space を押すと、円弧を描くことができます。

例題 21-4　1辺の長さ 10,000mm の正方形の内部に4本の円弧を描いてください。

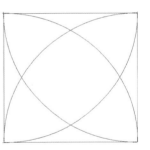

〈解答〉

1) **O**

2)
　Space　　　無指定　あるいは数値を消去

- POINT ◉ 半径のボックスに前回使用した数値が残されていることがあります。そのときは、（無指定）を選択するか数値を消去してください。

3)

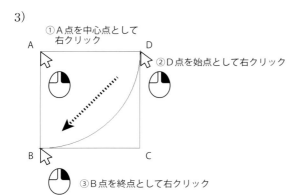

4）中心点を変えて、繰り返す

[演習 21-4]　任意の円弧の中心から水平線を引いてください。

中心点

♪〈ヒント〉　円弧上の中心点ではない。

21-5　円の一部消去

　円の一部を消去して、円弧にすることができます。このとき、消去の始点と終点を左回りに指定してください。

[例題 21-5]　例題 21-4 を円の一部を消去する方法によって描いてください。

〈解答〉

1) ◻O

2)

3)
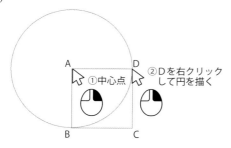

4) ◻E

5)

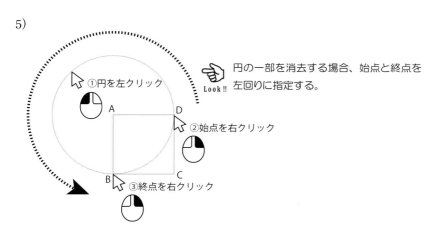

円の一部を消去する場合、始点と終点を左回りに指定する。

6) 中心点を変えて、繰り返す

POINT ● AからDを中心とした4つの円を先に描いて、各円を一部消去したほうが効率的です。

21-6 楕円を描く

楕円は、長径を半径として、扁平率（短径÷長径）を指定します。

例題 21-6　長径 12,000mm、短径 7,500mm、傾き 30°の楕円を描いてください。

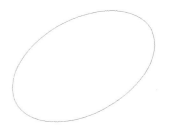

〈解答〉

1) ○

2)
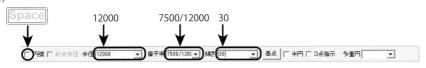

Space　　12000　　7500/12000　　30

3) 中心点を左クリック

4) 左AM（AUTO）で終了

- 例題では、扁平率を数値入力ボックスの計算機能を使用しています。
- 扁平率は、小数でも％（パーセント）でも構いません。
- 扁平率の計算がしにくい時は、数値ボックスの計算機能を使うと便利です。

〈アドバイス〉**楕円弧を描く**

＊ 楕円弧も、円弧と同じようにスペースキーを押して、コマンドバーの円弧にチェックを入れることで描くことができます。

＊ 楕円を描いてから、一部を消去する方法でも描けます。ケースに応じて使いやすい方法を検討してください。

演習 21-6　右図のような図形を作図してください。

〈製図条件〉
　　楕円：長径 4,000㎜、短径 2,000㎜
　　上下の楕円の中心距離 10,000㎜

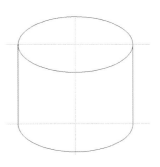

♬〈ヒント〉　補助線を活用せよ。下の楕円弧は、楕円の一部を消去して描いたほうが簡単。

22 ハッチ H

Jww には、さまざまなハッチング機能があり、タイルの目地やフローリングなどの表現にも使うことができます。

22-1 基本的なハッチング方法

ハッチングは、閉鎖領域に対して行います。ハッチング領域の指定は、領域を形成する線を順番にクリックして行います。

例題 22-1　横 20,000mm、縦 10,000mm の長方形内部にハッチングを入れてください。
〈製図条件〉
　ハッチング：線色1、実線、1線、角度45°、ピッチ 10mm（図寸）

〈解答〉

1) F 線色1、実線を選択

2) H

3)

設定後、左クリック

Look!! ピッチの指定は、図寸（印刷される寸法）で行います。実寸にはチェックを入れません。

4)
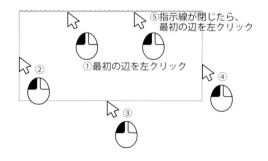

①最初の辺を左クリック
②
③
④
⑤指示線が閉じたら、最初の辺を左クリック

POINT ● ハッチング領域を指定中、最初に指示した辺はピンク色の波線で表示されます。⑤で実線に変わり、領域指定が終了します。
● 辺を指示する順序は、右回りでも左回りでも構いませんが、必ず隣接する辺を順番に指示してください。

5) 実行 基点変 ○1線 ○2線 ○3線 ○ ┼ ○図形 角度 45 ピッチ 10　□実寸 クリアー 範囲選択

設定後、左クリック

6) 左AM AUTO で終了

〈アドバイス〉閉じていない図形にハッチングを入れるには？
advice ハッチングは、2本の平行線のように閉じていない図形、つまり隣接する辺が途切れている図形では、正確に機能しません。このような場合、開いている部分を補助線で結んでからハッチングを行います。補助線は、印刷されません。

〈アドバイス〉印刷で図形内部を塗りつぶす

＊ハッチングのピッチを細かくすると、プリンタで印刷するときに図形内部を塗りつぶすことができます。最適なピッチについては、使用するプリンタで確認してください。

演習 22-1a　例題の長方形に、右図のようなハッチングを入れてください。

〈ヒント〉　45°でハッチングを入れた後、角度を－45°に変えて、もう一度コントロールバーの 実行 を左クリック。

演習 22-1b　外側の長方形（横 20,000mm、縦 10,000mm）と内側の長方形（横 15,000mm、縦 5,000mm）の間に、ハッチングを入れてください。
〈製図条件〉
ハッチング：線色1、実線、1線、角度45°、ピッチ3mm

〈ヒント〉　外側、内側の長方形にそれぞれハッチング領域を指定してから 実行 。

22-2　範囲指定してハッチング

この方法は、図形全体にハッチングを入れるのに便利な方法です。まず、範囲選択コマンドで範囲指定をします。

例題 22-2　範囲指定により、演習 22-1b を行ってください。

〈解答〉

1) [X]　2つの長方形全体を範囲指定

2) [F]　線色1、実線を選択

3) [H]

4)
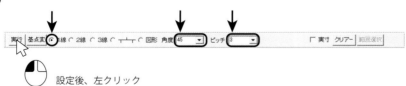

　　設定後、左クリック

5) [左AM] で終了
　　AUTO

POINT　演習 22-1b の結果と同じ結果が得られます。

〈アドバイス〉範囲指定で可能なハッチング

＊ 下の図形も範囲指定すると、Aのように重なり合わない部分にハッチングが入ります。Bのように重なり合った部分にハッチングを入れる場合は、ハッチング範囲の辺を左クリックで指示する方法で行います。

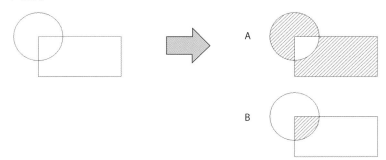

・Bのように円が重なる部分にハッチングを入れる場合は、最初に長方形の辺を指示します。

22-3　3本線のハッチングを入れる

鉄筋コンクリートの断面を表す3本線のハッチングを表現します。

例題 22-3　横 20,000mm、縦 10,000mm の長方形内部に 3 線でハッチングを入れてください。
〈製図条件〉
　ハッチング：線色1、実線、3線、角度45°、ピッチ20mm、線間隔2mm（図寸）

〈解答〉

1) **X** 　長方形を範囲選択

2) **F** 　線色1、実線を選択

3) **H**

4)

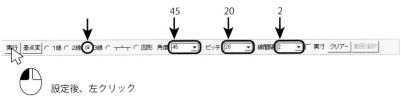

設定後、左クリック

POINT ●コントロールバーの ピッチ は、「3本線ハッチの繰り返し間隔」を、線間隔 は「3本線の間隔」を、それぞれ表します。

5) 　左AM　で終了
　　AUTO

23 文字 L 文字

建築図面では、室名や図名の記入、仕上げ表や面積表の作成で多くの文字を使用します。Jww では、文字コマンドで文字の記入を行います。

23-1 文字を入力する

例題 23-1　任意の場所に「建築製図」と記入してください。

〈解答〉

1) L

2)

　　　　　　文字入力位置を左クリック

　　→　「建築製図」と入力

　　文字入力ウインドでフォントを選択できます。

3) Enter

4) - 左AM (AUTO) で終了

POINT 重要 文字入力時の注意
- 文字入力位置を指定するとキーの文字が文字入力ボックスに入力されるので、キーコマンドは使用できなくなります。
- 2)で文字入力位置を指定した後、文字コマンドをキャンセルする場合は、AUTO コマンドを実行します。
- 文字を記入した後も文字コマンドが続行されます。文字コマンドを終了する場合は、他のコマンドを選択するか、- 左AM (AUTO) を実行してください。

〈アドバイス〉文字入力後、マウスをクリックすると・・・

　advice　文字コマンドでは最初に文字の記入位置を指定して、文字入力後に Enter で確定します。しかし、文字入力後に画面で左クリックすると、その場所が新しい文字の位置となります。

〈アドバイス〉先に文字入力してから、記入位置を指示する

　advice　文字コマンド選択後に文字入力ボックス内をクリックすると、先に文字入力することができます。文字入力が終了したら、記入位置を指示します。

23-2　文字サイズの変更

文字サイズ変更は、文字入力前でも入力後でも行うことができます。

例題 23-2　文字サイズやフォントを変更して、「建築製図」と入力してください。

〈解答〉

1) [L]

2)

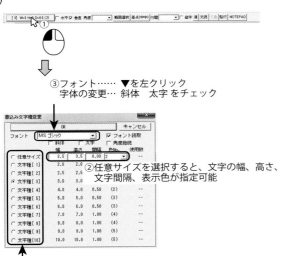

③フォント……▼を左クリック
字体の変更… 斜体　太字 をチェック

①希望する文字サイズをチェック

②任意サイズを選択すると、文字の幅、高さ、
文字間隔、表示色が指定可能

POINT ● 文字サイズは実寸です。したがって図面の縮尺には関係なく、書込み文字種変更ウインドに表示されたサイズ(mm)で印刷されます。

3) 文字を入力

〈アドバイス〉規定の文字サイズを変更する

* 規定の文字のサイズは、基本設定・文字で変更できます（右図①）。
* ②の 既に作図されている文字のサイズも変更する をチェックすると、すでに書かれている文字も設定値に変更されます。
* ②にチェックを入れた場合、変更基準点（どの位置を基準にサイズ変更するか）を指示してください（参照 p.86、文字の基点）。

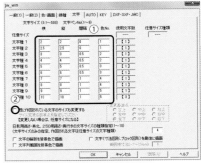

23-3　指定した位置に文字を入力する

例題 23-3　横 2,000mm、縦 1,000mm の長方形（グループ 0―レイヤ 0）の中心に「居間」と記入してください。このとき長方形を十分にズーミングして行ってください。

〈製図条件〉
　　文字：グループ 0―レイヤ 1、文字種 5

〈解答〉
1) グループ 0―レイヤ 1 を書込みレイヤにする

2) **L**

3)

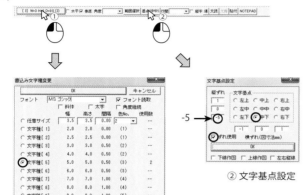

① 書込み文字種変更
② 文字基点設定

文字のずれ

文字基点設定ウインドの □ ずれ使用 をチェックすると、ボックスに入力した数値だけ基準点の位置をずらすことができます。このとき縦ずれは、上が＋、下が－、また横ずれは、右が＋、左が－になります。ずれの寸法は図寸です。

4) **Q**

5)

②長方形の対角をクリック

POINT　● 5) の操作で、長方形の中心を求めます。

6)

居間

7) **Enter**

8) -　左AM　で終了
　　AUTO

23-4　垂直に文字を配列する

例題 23-4　1辺が 10,000mm の垂直な辺の中心に、右図のように「隣地境界線」と入力してください。

〈製図条件〉
　文字種:5　フォント:MS ゴシック、ずれ:5mm

〈解答〉

1) [L]

2)

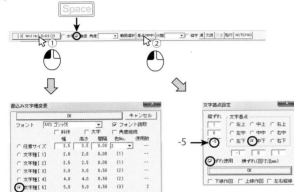

POINT ● スペースキーを押すごとに、文字配列が、水平→垂直→指示なしと切り替わります。

① 書込み文字種変更
② 文字基点設定

POINT ● □ ずれ使用 を先にチェックしてください。
● 文字基点は、最後にチェックしてください。ウインドが閉じてしまいます。

3) [Q]

4)

左縦辺を左クリック

POINT ● 4)で左縦辺の中点が指示されます。

5) 「隣地境界線」と入力

6) [Enter]

POINT 文字基点設定ウインドの基準点
● 基準点の「上」は、横文字では上方を表します。縦文字では文字列の左側になります。

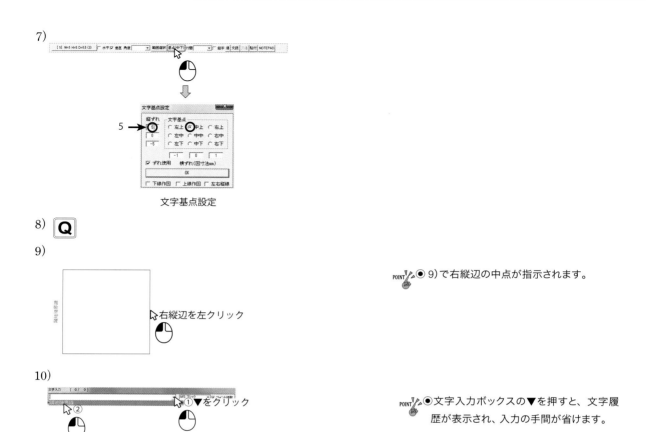

〈アドバイス〉字体コントロール記号

* Jww では、下図のように文字列の中に ^(キャレット) を使って上付き文字や下付き文字などを表現できます。

5000m^u2 $5000m^2$

A^d1+A^d2 A_1+A_2

a^ux^u+^u2+b^u2=c^uy^u+^uz $a^{x+2}+b^2=c^{y+z}$

* 上付き文字は、記入する文字の前に半角文字で ^u を、下付き文字は ^d を付けます。

* ^u と ^d は、1文字毎に指定します。

* その他の表現

　　^/　・・・斜体

　　^!　・・・強調

　　^-　・・・取消線

　　^_　・・・下線

　　^#　・・・標準の書体に戻す

23-5 文字を変更する　左AM0時

例題 23-5　例題 23-4 の「隣地境界線」を「道路境界線」に変更してください。

〈解答〉

1)

2)

「道路境界線」と入力

3) Enter

23-6 文字を消す E 消去

例題 23-6　例題 23-5 の文字を消去してください。

〈解答〉

1) E

2)

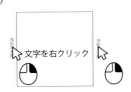

POINT
- 消去する文字の指示は、すべて右クリックで行います。
- 文字は文字列として扱われます。したがって、消去コマンドでは、文字列中の1文字を消去することはできません。1文字を消去する場合は、「23-5　文字を変更する」の方法で行います。

23-7 文字を含めて範囲指定する X

文字を範囲指定する方法は、基本的に「13　範囲選択」(p.38) と同じですが、範囲指定の終点を右クリックで指定します（参照 p.42、14-1）。左クリックした場合、範囲内に含まれる文字列は範囲に含まれません。

例題 23-7　例題 23-5 の長方形と文字をすべて範囲選択してください。

〈解答〉

1) ![X]

2)

①図形全体を囲む位置で左クリック

②図形を囲んだ位置で右クリック

POINT ●選択範囲への文字の追加、除外も右クリックで指示します。

〈アドバイス〉文字のみを範囲選択する

*　選択範囲中の文字のみを選択する場合は、コントロールバーの <属性選択> を選び、□ 文字指定 をチェックします。

〈アドバイス〉文字列の選択の注意

*　図形と異なり、文字列の一部を含んだ状態でダブルクリックしても範囲指定できません。終点は、必ず文字列全体を含む位置で右クリックしてください。

24 寸法 Shift + E 寸法

24-1 寸法コマンドのコントロールバー
　寸法コマンドのコントロールバーには、他のコマンドに比べて多くの選択ボタンがあります。ここでは、利用頻度の高いものについて説明します。

例題 24-1　寸法コマンドのコントロールバーを確認してください。

〈解答〉

1) Shift + E

2)

- 傾きボックス…寸法線の角度を入力
- 表示方向ボタン… Space で横方向／縦方向の寸法表示切り替え
- 表示スタイルボタン
    - □　　引出線・寸法線の位置を任意に指定
    - =(1)　寸法設定の指定1を適用
    - =(2)　寸法設定の指定2を適用
    - -　　寸法線のみを使用
- リセットボタン…新しい寸法を記入前使用に Shift + Space
- 円半径ボタン…円や円弧の半径を記入
- 角度ボタン…角度を記入
- 小数桁ボタン…小数点以下の桁表示を選択
- 端部形状ボタン
    - ・寸法線端部を●で表示
    - ・寸法線端部を矢印で表示
    - ・寸法記入範囲を外側から矢印で表示
- 設定ウインド呼び出しボタン…寸法設定ウインドを呼び出す（F6 と同じ）
- 一括処理ボタン…寸法をまとめて記入する。寸法線位置を決定すると表示される

24-2 任意の位置に寸法を記入する
例題 24-2　横10,000mm、縦8,000mmの長方形に寸法を記入してください。

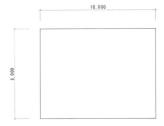

〈解答〉

1) [Shift] + [E]

2) 横方向の寸法記入

3)

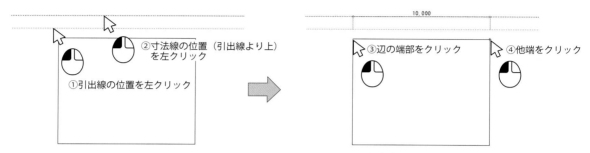

POINT ●寸法コマンドでは、始点と終点の指示を左クリックで行っても、端点や交点が読み取られます。右クリックで行っても構いません。

4) 縦方向の寸法記入

POINT ① [Space] で0°と90°を切り替えることができます。
② 横方向の寸法を記入し終わったら、[Shift] + [Space] でリセットします。

5)

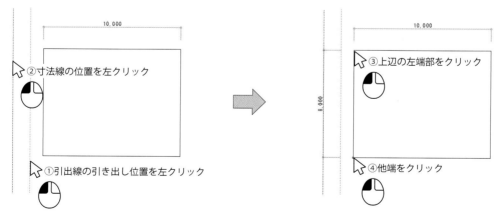

6) [左AM] で終了
AUTO

演習 24-2　長さ 10,000mm の斜線に寸法を記入してください。（巻末解答）

♪〈ヒント〉　[A] で斜線の角度を読み取る。

24-3　連続して寸法を記入する

スパンの寸法を連続して記入する時などに、この方法が効率的です。

例題 24-3　一辺の長さ 15,000mm の正方形の辺を複線コマンドを使って 3,000mm 間隔で分割し、寸法を記入してください。

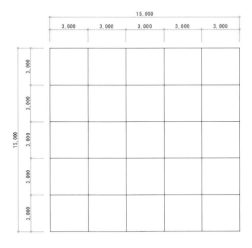

〈解答〉

1) [Shift] + [E]

2) 横方向の寸法記入

　　0

3)

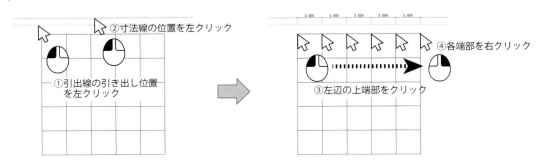

4) 縦方向の寸法記入

　　90　②[Space]　①[Shift] + [Space]

POINT ●連続して寸法を記入する場合、2 点目以降は右クリックします。

5)

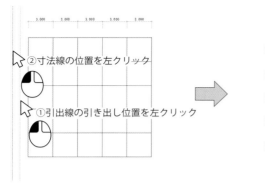
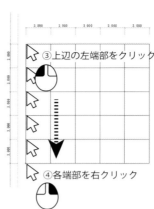

6) で終了

24-4　寸法設定で指定した位置に寸法を記入する

　引き出し線と寸法線を、対象線から寸法設定、例題8-1（参照p.24）で設定した距離の位置に描くことができます。寸法を揃えて描くのに便利です。

例題 24-4　例題24-3の図形に、寸法線の表示スタイル ＝(1) と ＝(2) を使用して寸法を記入してください。

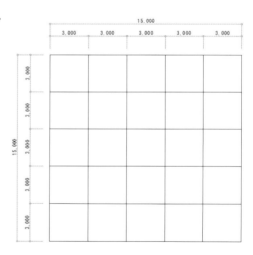

〈解答〉

1) **Shift** + **E**

2) 横方向の寸法記入

3)

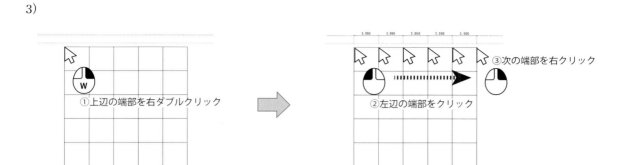

4)

5)

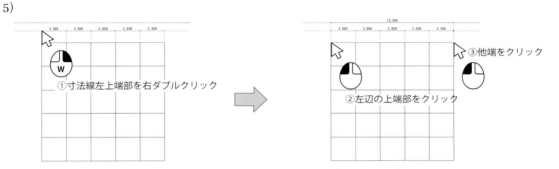

6) 縦方向の寸法記入

7)

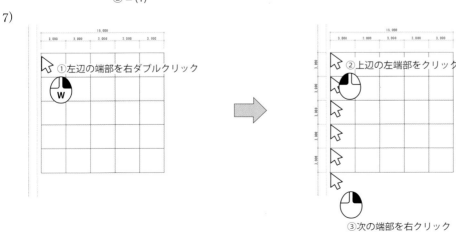

8)

9)

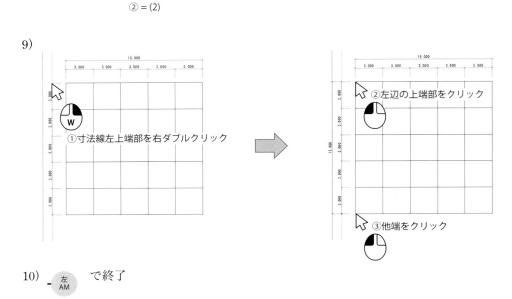

10) で終了

〈アドバイス〉右側と下側に寸法を記入する場合

右側と下側の寸法位置を決める場合は、最初は右クリックとなります。ただし、位置を決めた後に、すぐ始点を右クリックするとダブルクリックと判断され、引出線と寸法線が反転してしまうことがあります。これは、2度目のクリック前に少しマウスを動かすと、防ぐことができます。

24-5　円の寸法記入

例題 24-5　半径 5,000mm の円を描き、半径を記入してください。
　　寸法線の傾き：45°

〈解答〉

1) **Shift** + **E**

2)

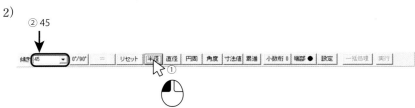

3)

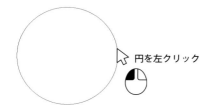
円を左クリック

POINT ●円を右クリックすると、円の外側に寸法が記入されます。
　　　●コントロールバーで直径の記入を選択できます。

[演習24-5]　長径10,000mm、短径7,000mmの楕円の長径と短径を記入してください。（巻末解答）

♪〈ヒント〉　長径は傾き0°で、短径は傾き90°で記入する。

24-6　角度の記入

[例題24-6]　60°で交差する2本の直線の角度を記入してください。

〈解答〉

1) Shift + E

2)
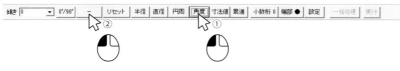

POINT ●左回りになるように始点と終点を指定してください。

3)
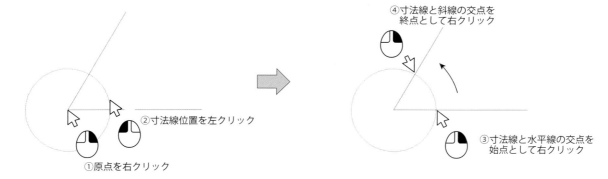

25 多角形 Shift + P

正多角形（ポリゴン）を描くコマンドです。

例題 25-1　下図のような4個の正三角形を描いてください。

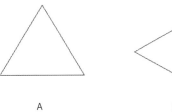 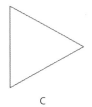 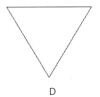

　　A　　　　　　　　B　　　　　　　　C　　　　　　　　D

〈製図条件〉
　　寸法　5,000mm

〈解答〉

1) Shift + P

2)

　　　　　　　　　　　　　　　　　5000　　　3　　　A 0 / B -30 / C 30 / D 60　　中央

3) ［左AM］（AUTO）で終了

POINT
● 頂点の回転角度で、正三角形の向きをコントロールします。
● 回転方向は、右回りが−（マイナス）、左回りが＋（プラス）となります。

〈アドバイス〉多角形の基点

 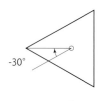 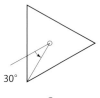

　重心　　　　　-30°　　　　　　30°　　　　　　60°

　　A　　　　　　　　B　　　　　　　　C　　　　　　　　D

advice　多角形の基点を切り替えるにはスペースキーを押します。基点は、頂点 → 辺 → 中央 の順に切り替わります。コントロールバーのボタンを左クリックしても切り替えることができます。

Space

頂点　　　　　　　　　　　辺　　　　　　　　　　　中央

〈アドバイス〉多角形のサイズ指定

コントロールバーの枠で囲まれた部分のチェックにより、多角形のサイズの決め方が変わります。

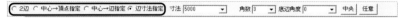

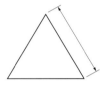

2辺　　　　　　　　　　中心→頂点指定　　　　　　中心→辺指定　　　　　　　　辺寸法
L≧底辺

演習 25-1　半径5,000mmの円に内接する五角形を描いてください。

♬〈ヒント〉　五角形の基点を 中央 、サイズ指定を ⦿ 中心→頂点指定 にして、Q で円の中心を求める。

26 連続線 Shift + W 　連線

　連続線コマンドは、その名のとおり連続して線を引くコマンドです。また、連続弧で曲線を描くこともできます。

26-1 連続して直線を引く

例題 26-1　任意の多角形を描いてください。

〈解答〉

1) Shift + W
2)

26-2 連続弧による曲線の描画

　連続弧は、連続した円弧を使って滑らかな曲線を描く機能で、道路などを描くのに便利です。

例題 26-2　下のような図を連続弧によって描いてください。Ｃ－Ｄは直線、また円弧はＤ－Ｅの半径のみ、5,000mm（実寸、弧の長さは任意）、他は任意とします。

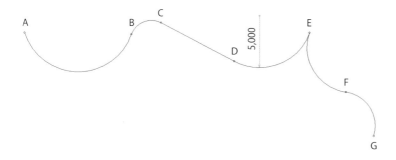

〈解答〉

1) Shift + W

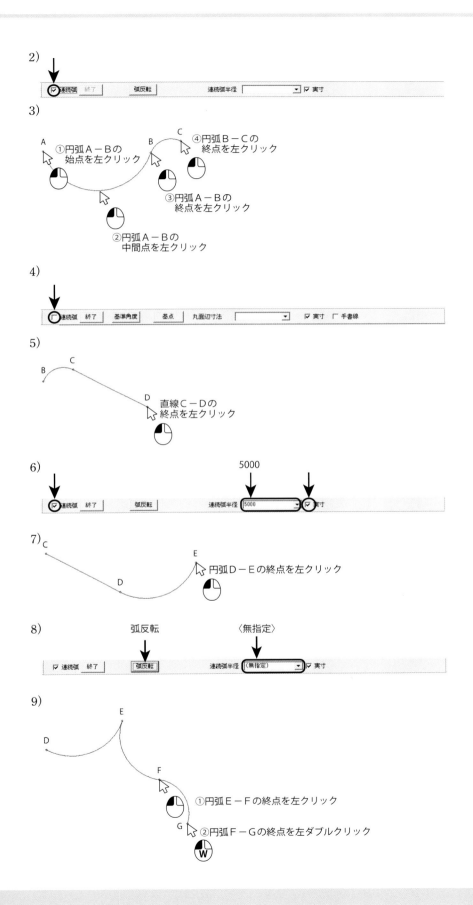

27 接線 Shift + T

円や楕円に接線を引くコマンドです。

例題 27-1　任意の2円に接する3本の接線を引いてください。

〈解答〉

1) Shift + T
2)
3)

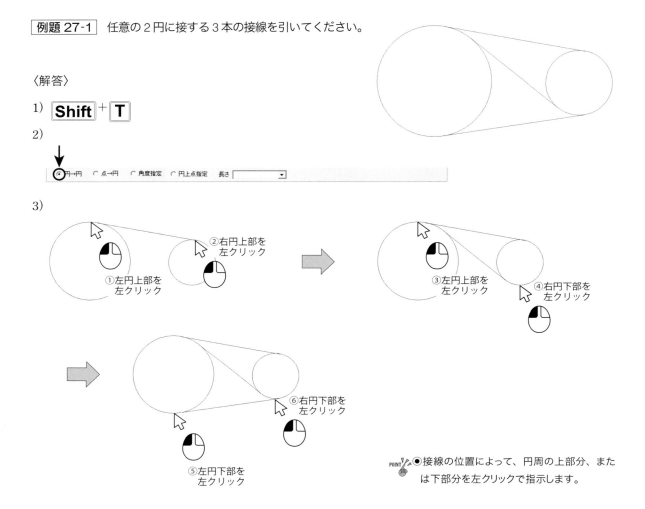

POINT ●接線の位置によって、円周の上部分、または下部分を左クリックで指示します。

〈アドバイス〉接線の種類

Jwwには、⊙ 円→円 の他に3種の接線があります。

1) ⊙ 点→円 ……… 作図ウインドの任意の点から、円や円弧に接線を引きます。
2) ⊙ 角度指定 ……… 角度を指定して、接線を引きます。
3) ⊙ 円上点指定 ……… 円周上の点を通る接線を引きます。

28 接円 Shift + C

28-1 接円を描く
2本の直線に接する円、長方形に内接・外接する円や楕円を描くことができます。

例題 28-1　1辺の長さ 10,000mm の正方形に外接する円と内接する円を描いてください。

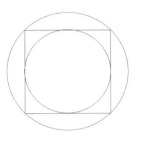

〈解答〉

1) Shift + C

2)

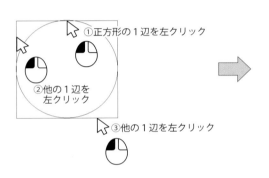

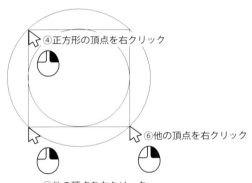

POINT
- 正方形の辺を指示すると内接円、頂点を指示すると外接円が描かれます。
- クリックする辺と頂点は、異なる辺、異なる頂点であれば、どれでも構いません。

演習 28-1　横 20,000mm、縦 9,000mm、傾き 30°の長方形に内接する楕円を描いてください。

〈ヒント〉　コントロールバーの 接楕円 → 平行四辺内接 をクリックする。

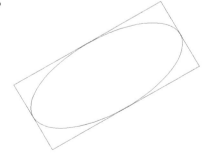

29 曲線 J

　Jwwでは、サイン曲線、2次曲線（放物線）、スプライン曲線、ベジェ曲線を描くことができます。ここでは、スプライン曲線を使って洋便器を描いてみます。後のコマンド練習で使用しますので、図面データを「洋便器」という名前で保存してください。

|例題29-1|　洋便器の便座を描き、洋便器という名前で保存してください。
〈製図条件〉
　　グリッド：グループE－レイヤF、線色1、補助線
　　曲線：グループ1－レイヤ0、線色2、実線

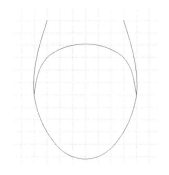

〈解答〉
1) 複線コマンドを使用して、グループE－レイヤFに50mm 間隔のグリッドを作成します。
　＊線の長さは、縦、横ともに700mm 程度にします。
　＊グリッドを十分にズーミングします。
　＊グリッドは、縦、横ともに10本以上作成してください。
　　（右図では、説明用にグリッド番号を記入しています。）
2) 書込みレイヤを、グループ1－レイヤ0とする。
3) J
4)

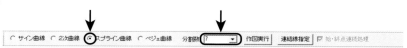

5) F 線色2、実線を選択
6)

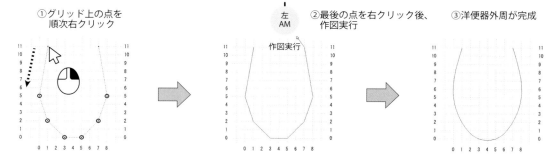

7)

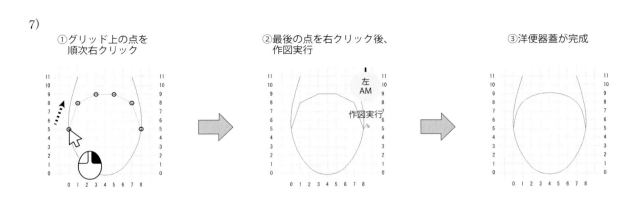

①グリッド上の点を順次右クリック　　②最後の点を右クリック後、作図実行　　③洋便器蓋が完成

8) データを「洋便器」という名前で保存

POINT ● スプライン曲線は、コントロールが難しいので、クリック点を試行錯誤する必要があります。
　　　● 　の代わりに、コントロールバーの作図実行ボタンを左クリックしても作図できます。

〈アドバイス〉曲線の分割数について
advice　分割数が大きいほど滑らかな曲線が描けますが、7 程度で問題ありません。3 だと少々荒くなります。

30 点 Shift + X、矢印 S

点と矢印は、階段の上り記号や引き出し線の端部に使用します。また、Jwwには、仮点という「印刷されない点」が用意されています。

30-1 点と矢印を描く

[例題30-1] 任意の水平線の左側に点、右側に矢印を記入してください。

〈解答〉

1) Shift + X

2)

端部を右クリック

3) S

4)

POINT ●矢印コマンドは、線コマンドのコントロールバーをチェックします。

5)

直線の右端に近い部分を左クリック

POINT ●矢印コマンド使用後は、必ずチェックを外してください。チェックが入っていると、直線コマンドが使えません。

6)

[演習30-1] 右図のような10本の直線の中心直線を引き、点と矢印を記入してください。直線の長さは1,000mm、間隔は250mmとします。

♪〈ヒント〉 中心点コマンドを使う。十分に拡大して、作業を行うこと。

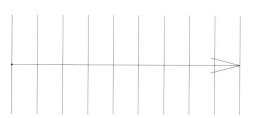

30-2 仮点

仮点は、印刷されない点です。線の始点を指示する場合などに使用します。

例題 30-2　半径 5,000mm の円の中心に仮点を記入したあと、消去してください。

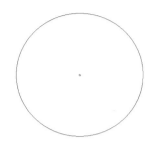

〈解答〉

1) **Shift** + **X**

2)

ショートカットキーでチェックが入らない場合は、マウスでクリックします。
Look!!

3) **Q**　円を左クリック。仮点が記入される。

4)

POINT ●仮点は、消去コマンドでは消去できません。仮点消去を左クリックします。

5)

仮点を左クリック

6)
POINT ●仮点の記入が終わったら、必ず仮点のチェックを外してください。チェックが入っていると、以後記入される点がすべて仮点となります。

Look!!
● 全仮点消去 をクリックすると、図面上のすべての仮点が消去されます。

〈アドバイス〉仮点の移動・複写について
advice ＊ 仮点は、移動・複写できません。

31 ソリッド図形 Shift + S

図形内部を好みの色で塗りつぶすコマンドです。着色により、効果的な図面を作成することができます。

31-1 多角形の着色

例題 31-1　連続線コマンドで任意の多角形を描き、内部を緑色で着色してください。

〈解答〉

1) Shift + S

2)

3)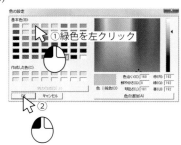

〈アドバイス〉ソリッド図形の色取得
* ソリッド図形の上で Shift を押しながら右クリックすると、ソリッド図形の色が取得できます。

4)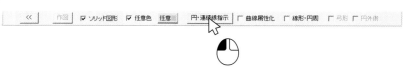

5)

〈アドバイス〉ソリッド図形の重なり方を変える
* 2つのソリッド図形が重なるとき、Shift + F を押した後、画面で両クリックすると描画順を変えることで上下を変えることができます。

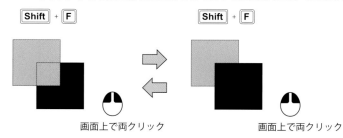

6) 左AM で終了　AUTO

変形

32　伸縮 T　伸縮

「描いた線を伸縮する」という概念は、手書き製図にはありません。CADでは線がベクトル、つまり長さと方向を持った要素として扱われるため、長さの変更が可能です。ゴムのように伸び縮みできる線をイメージすればいいでしょう。

32-1　線を伸ばす

例題 32-1　水平線を右側に引き伸ばしてください。

〈解答〉

1) T

2)

32-2　線を短縮する

例題 32-2　交差する水平線と垂線のうち、水平線の右端を垂線との交点まで短縮してください。

〈解答〉

1) T

2)

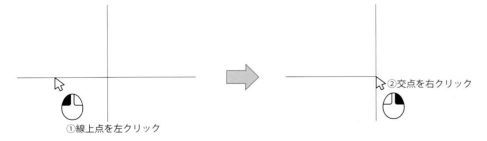

〈アドバイス〉線伸縮の考え方

* 伸縮コマンドは、2回のクリックで線を伸縮します。ただし、1回目のクリックは、必ず左クリックで行います。
  * 1回目で線を指示、2回目で伸縮位置を指示します。
  * 1回目は、線を残す側で行います。
  * 2回目を線の交点や端点で右クリックすると、線を交点や端部、あるいは端部を延長した位置まで伸縮します。

演習 32-1a 下図で、線の伸縮を確認してください。

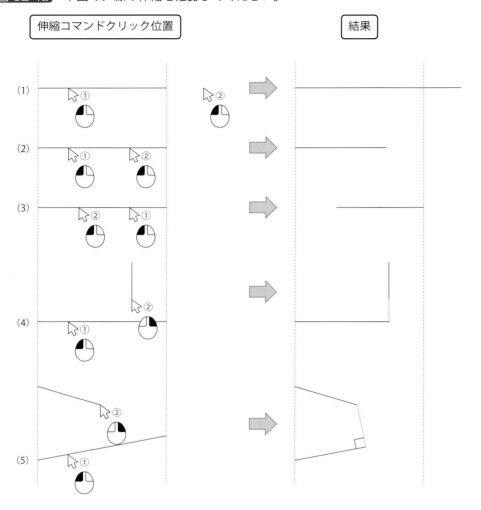

演習 32-1b 例題 16-3（p.56）を伸縮コマンドで行ってください。

♬〈ヒント〉 短縮する点として、交点を右クリックする。

演習 32-1c 左側の図形を、伸縮コマンドを用いて右側の扇形に変形してください。
〈製図条件〉
　中心角　60°、円弧　半径 10,000mm

32-3 基準線まで線を伸縮する

例題 32-3　2,000mm 間隔で 6 本の水平線と垂線を引き、水平線 A、および垂線 B の外側に伸縮してください。

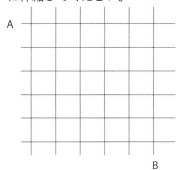 

〈解答〉

1)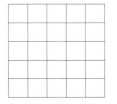

2)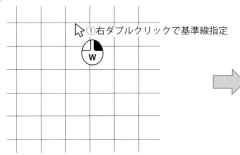

3)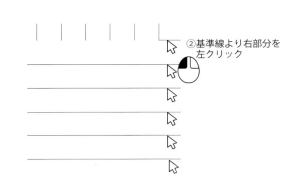

POINT
- 右ダブルクリックを行なうときは、マウスの右ボタンを速やかに2度クリックしてください。ゆっくり押すと、Jww は右1回クリックが2回行なわれたものと判断して線を切断してしまいます（参照 p.112、32-4）。
- 伸縮基準線は、ピンクで表示されます。もし、線上に赤い○が表示されたら、線が切断されています。

演習 32-3　例題 32-3 の変形を右図のように行ってください。

32-4　線を切断する

　伸縮コマンド第2の機能として線の切断があります。1本の糸をハサミで切断するイメージです。

|例題 32-4|　伸縮コマンドで直線を切断してください。

〈例題〉

1) **T**

2)

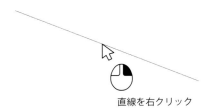

直線を右クリック

POINT
- 右クリックの後、ほんの少しマウスを動かすのがコツです。
- 線の交点を右クリックしても、交点の位置で正確に切断できません。線を切断後に変形（伸縮）を行うことが前提なので、正確に位置を合わせて切断する必要がないからです。
- 切断点に赤い○が表示されます。

〈アドバイス〉切断箇所をはっきりさせる

　縮尺1/100の図面では、切断間隔を図寸で5mm程度に設定しておくと、線の切断を画面上で確認できます。

5

|演習 32-4|　4本の直線を#型に描き、伸縮コマンドを用いて右の図形に変形してください。

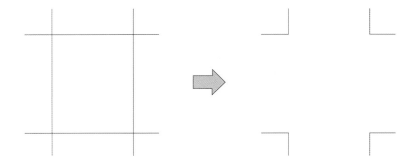

32-5　円、円弧の伸縮

[例題 32-5]　大小の円を重ね合わせた図形を描き、伸縮コマンドを用いて右の三日月型に変形してください。

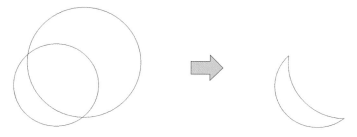

〈解答〉

1) [T]

2)

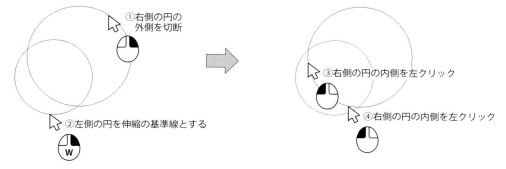

3)

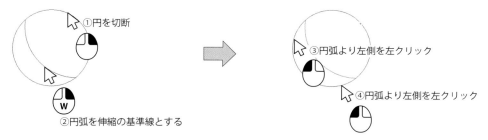

4) [左AM] で終了
   AUTO

POINT ● 伸縮コマンドにより、円を円弧に変形する場合は、右クリックで円を切断してから伸縮します。

〈アドバイス〉円弧を伸縮する、あるいは基準線とする場合

advice ＊ 伸縮コマンドは、円弧を基準線まで伸縮することができますが、基準線と円弧が延長線上で交差しないと [計算できません] と表示され、エラーになります。また、円や円弧を基準線とすることもできますが、伸縮線と交差しないと [計算できません] と表示され、エラーになります。

32-6　一括処理による伸縮

例題 32-6　一括処理によって、左図を右図のように変形してください。

〈解答〉

1) ![T]

2)

3)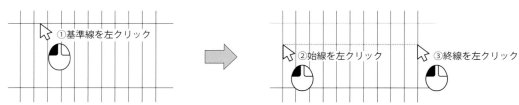

4) ![左AM] で実行　〈アドバイス〉
   処理実行　　　* コントロールの 処理実行 をクリックしても実行できます。

5)

6)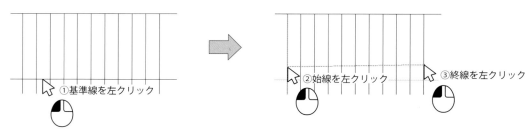

7) ![左AM] で実行
   処理実行

33 コーナー V コーナー

コーナーコマンドは、2本の線を同時に伸縮して角（コーナー）を作ります。また、伸縮コマンドと同じように直線や円弧を切断することができます。

33-1 コーナーを連結する

例題 33-1　コーナーコマンドにより、3本の直線を三角形に変形してください。

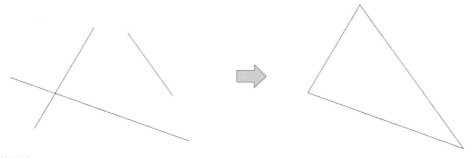

〈解答〉

1) V

2)

3) 他の線について繰り返す

〈アドバイス〉コーナーコマンドと伸縮コマンドの比較

例題 33-1 を伸縮コマンドで行ってみましょう。

①から④の操作を、他の線について繰り返します。この変形は、コーナーコマンドを使ったほうがずっと簡単です。しかし、コーナーコマンドでは、1本の線を伸縮する、あるいは基準線まで伸縮することはできません。この使い分けを見極めることが大切です。ためしに、例題 32-6（p.114）をコーナーコマンドで行ってください。

33-2　線を切断する

コーナーコマンドにも、伸縮コマンドと同じく線を切断する機能があります。

例題 33-2　演習 32-4（p.112）をコーナーコマンドで行ってください。

〈解答〉

1) [V]

2)

3) 他の線について②と③を繰り返す

POINT ◉切断箇所に赤い仮点が表示されます。

◉伸縮コマンド同様に縮尺 1/100 の図面では、切断間隔を 5mm 程度に設定しておくと、線の切断を画面上で確認できます。

演習 33-2　例題 32-5（p.113）をコーナーコマンドで作図してください。

〈アドバイス〉円弧のコーナー連結

advice　円弧をコーナー連結する場合、基準線と円弧が延長線上で交差しないと 計算できません と表示され、エラーになります。

34 面取り U 面取

面取コマンドは、コーナーコマンドのように2本の線を同時に伸縮します。このとき、コーナーが円弧や直線で面取りされます。また、伸縮コマンドやコーナーコマンドと同じように、右クリックで直線や円弧を切断することができます。

34-1 丸面で面取りする

例題 34-1　例題29-1（p.104）で作成した洋便器を読み込んでください。次に下図のように横400㎜、縦250㎜の長方形を配置して、下の角2箇所を円で面取りしてください。最後に上書き保存してください。

〈製図条件〉
　　長方形　グループ1−レイヤ0
　　線色2、実線
　　面取りの半径　20㎜

〈解答〉
1) 書込レイヤをグループ1−レイヤ0とし、長方形を描く
2) グループEを非表示グループとする

POINT
● 洋便器を十分にズーミングしてください。
● 書込レイヤを間違えないようにしてください。
● グループEは、必ず非表示グループにしてください。表示レイヤになっていると、補助線が面取りされる可能性があります。

3) U

4)
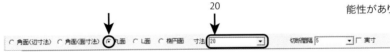

5)
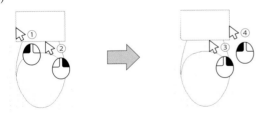

6) ツールバーの 上書 を左クリック

〈アドバイス〉面取の種類

面取部分の形状は、コントロールバーから、角面（辺寸法）、角面（面寸法）、丸面、L面、楕円面を選択できます。寸法を2,000㎜としたとき、右図のようになります（楕円面を除く）。

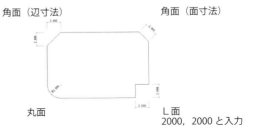

角面（辺寸法）　　角面（面寸法）

丸面　　　　　　L面
　　　　　　　　2000, 2000と入力

35 包絡 Y

　包絡コマンドは、交差した図形を整形するコマンドです。建築図面では、柱と壁の接合部分などの作成に利用される利用頻度の高いコマンドです。
　このコマンドの機能を言葉で説明するのは難しいので、例題で理解してください。

35-1 包絡処理を理解する

例題 35-1　グループ 0 －レイヤ 0 の図形 A、B を、包絡コマンドを使用して右側の図形に変形してください。

〈解答〉

1)

2)

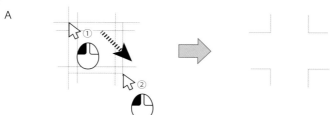

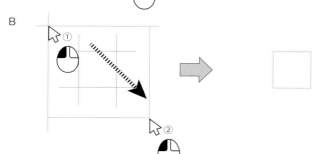

- POINT ● 終点指示は、必ず左クリックすること。終点指示を右クリックで行うと、範囲が消去されます。
- ● この機能は、指定範囲内を消去する機能として利用できます（参照 p.121、35-3）。

- POINT ● この変形は、消去マンド、伸縮コマンド、コーナーコマンドでも練習しましたが、包絡コマンドを使うと、目的の図形が 1 回の操作で作成できます。
- ● 包絡処理は、同じグループ－レイヤ内の同じ線色の線だけが対象になります。
- ● 包絡処理は、直線のみ可能です。円、円弧、楕円、曲線は包絡処理できません。

〈アドバイス〉包絡処理する線種の追加

　包絡処理は、基本的に実線のみに適用されます。しかし、ここにチェックを入れると、点線、鎖線、補助線も包絡処理できます。

＊クロックメニューを使う

A
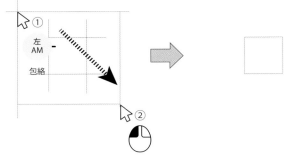

B
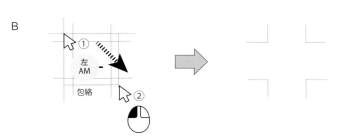

POINT ●「柱を描いた直後に壁と包絡処理する」といったケースでは、クロックメニューが便利です。

演習 35-1 下図を参考に包絡範囲をいろいろと変えて、結果を確認してください（左の点線部分が包絡範囲で、右が包絡処理の結果です）。確認したら、Zで戻ってください。

(1)    (6)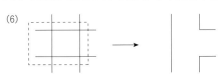

(2) 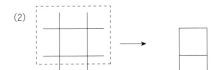   (7)

(3)    (8)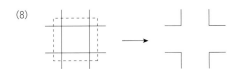

(4) 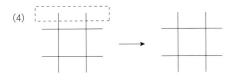 (9)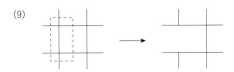

(5) 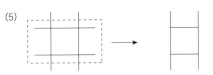 (10)

┌ ─ ─ ┐
└ ─ ─ ┘ 包絡範囲

35-2　柱と壁を包絡処理する

柱と壁の一体化では、包絡処理コマンドを多用します。

|例題 35-2|　下図の正方形（柱）と2線（壁）を包絡処理してください。
　〈製図条件〉
　　　壁心：グループ0－レイヤ0、線色1、一点鎖線5
　　　壁：グループ0－レイヤ0、線色2、実線、壁厚300mm
　　　柱：グループ0－レイヤ0、線色2、実線、1,000mm角

〈解答〉

1) Y

2)

3) 右側の柱と壁について、2) を行う

POINT
●十分にズーミングして行ってください。
●この例題の図形は、建築図面ではRC造の柱と壁に相当します。

|演習 35-2|　右図のようなラーメン構造平面を作図してください。
　〈製図条件〉
　　　壁心：グループ0－レイヤ1、線色5、一点鎖線2
　　　壁：グループ0－レイヤ0、線色2、実線、壁厚300mm
　　　柱：グループ0－レイヤ0、線色2、実線 1,000mm角

♪〈ヒント〉　まず、柱を矩形コマンド、壁を2線コマンドで描く。次に包絡処理する箇所を1箇所ずつ処理する。

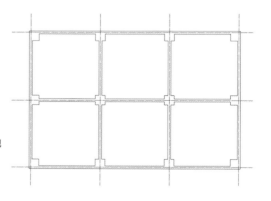

35-3 範囲内を消去する

範囲指定の終点を右クリックで指示すると、範囲内の直線が消去されます。この機能は、消去コマンドとして利用できます。

例題 35-3 　例題 35-2 の壁の一部を包絡コマンドで消去してください。

〈解答〉

1)

2)

POINT
- ●終点で右クリックすると囲まれた範囲を「ざっくりと」消去します。
- ●コントロールバーで指定された線種のみ(この場合は実線)消去されます。

〈アドバイス〉切断した直線をつなぐ

advice 　上の例題で消去した範囲を下図のように包絡処理すると、切断した直線をつなぎ合わせることができます。

35-4 中間消去

クロックメニューを利用して入口や窓の開口部を作成する便利な機能です。壁と交差する2本の直線を含むように範囲指定して、終点で左ドラッグします。

例題 35-4 　例題 35-2 の壁の中心に、幅 4,000mm の開口部を作成してください。

〈解答〉
1) 一点鎖線の属性取得

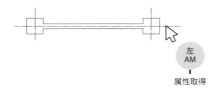

> POINT ● [Tab]を押した後、目的の線をクリックしても属性取得できます（参照 p.53、15-9 advice）。

2) [I] 柱のスパンの中心線を引く

3)

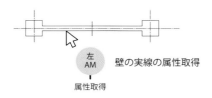

壁の実線の属性取得

4) [D] 中心線を左右に 2,000mm 複線化

> POINT ● 2線コマンドも利用できます。

5) [Y]

6) 範囲指定の終点でマウスを左ドラッグすると、クロックメニューに「中間消去」と表示される。マウスボタンを離すと、開口部が作成される

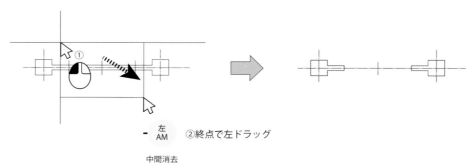

＊クロックメニューを使う

> POINT ●この方法は、連続して開口部を作成するとき便利な方法です。

36　移動 M 、複写 C

この2つのコマンドは、ほとんど同じ操作です。まず範囲指定コマンド X で移動・複写する範囲を指定しておくと便利です。

36-1　図形を移動する

例題 36-1　3つの正方形のうち、左の2つを任意の位置に移動してください。正方形の1辺は、3,000mm とします。

〈解答〉

1) X

2) 左の2つの正方形を選択

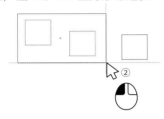

POINT ●まず、範囲選択コマンドにより、移動範囲を決定します。

3) M

4) コントロールバーの表示が任意方向になっていることを確認。異なる場合は、スペースキーを押して切り替える

5)

移動後、左クリック

6) 左AM（AUTO）で確定

POINT ●移動位置で左クリックした後、AUTO コマンドで確定するか、他のコマンドを選択しないと、移動コマンドが継続します。

36-2　図形を複写する

例題 36-2　例題 36-1 の 3 つの正方形のうち、左の 2 つを任意の位置に複写してください。

〈解答〉

1)

2) 左の 2 つの正方形を選択

3)

4)

〈アドバイス〉操作中の移動と複写の切り替え

移動と複写は、コントロールバーの複写チェックボタンで切り替えることができます。

5)

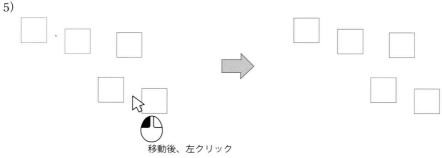

移動後、左クリック

6) で確定

〈アドバイス〉なぜ範囲指定を先に行うのか？

* 移動コマンド、複写コマンドは、他のコマンドと異なり、必ず対象図形を範囲指定する必要があります。イラストレーターやパワーポイントと異なり、Jww にはマウスのワンクリックで図形を指示する機能がないからです（参照 p.38、13 範囲選択）。

* 例題 36-1 を移動コマンド、例題 36-2 を複写コマンドのみで行う場合は、図形を範囲選択した後、コマンドバーの 選択確定 をクリックします。

* 移動コマンドと複写コマンドは、使用頻度が非常に高いコマンドです。X で範囲選択を先に行う方法は、選択確定のためにマウスをコマンドバーまで動かさずに済むため、製図作業全体を考えると効率的です。

〈アドバイス〉移動・複写の方向の切り替え

* 移動・複写の方向を Space を使って、次のように切り替えることができます。
  ① Space を押すと、任意方向 → X方向 → Y方向 → XY方向 の順で切り替え
  ② Shift + Space で XY方向 に切り替え
  ③コマンドバーのボタンを左クリックしても切り替えることができます

36-3 文字を移動・複写する　左 AM0 時

例題 36-3a　「設計製図」の文字を右側の実線の交点に移動してください。

〈製図条件〉
　　文字基点　中中

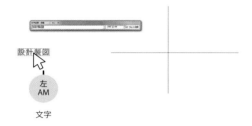

〈解答〉
1）文字にカーソルを当てて左 AM0 時

2）コントロールバーのボタンを左クリックして、任意方向、基点（中中）とする

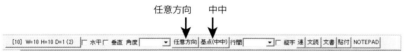

3）交点を右クリック

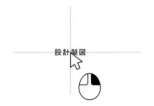

〈アドバイス〉文字を範囲指定して移動
1) [X] 文字を範囲指定（参照 p.89、23-7）
2) [M]

例題 36-3b　例題 36-3a の文字を右側の実線の交点に複写してください。

〈解答〉
1）

①文字以外の場所で
　左 AM0 時

①文字にカーソルを
　当てて左 AM0 時

POINT ●複写の場合は、2 度目の 左AM 文字 で文字貼り付けとなります。

2) コントロールバーのボタンを左クリックして、任意方向、基点（中中）とする

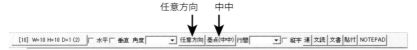

3) 交点を右クリック

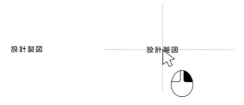

POINT ●この方法では、複写は1回しかできません。複数の複写を行う場合は、範囲コマンドで文字を選択してから複写コマンドを実行します。

36-4　基点と線種を変えて移動・複写する

例題 36-4　長方形の左下の角を基点として、直線の交点に複写してください。長方形は、横 5,000mm、縦 3,000mm とします。

〈製図条件〉
　原図長方形：線色 2、実線
　複写長方形：線色 2、点線 2

〈解答〉

1) [X]　長方形を選択

2) [F]　線色 2、点線 2 を選択

3) [C]

4)
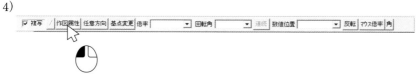

5)
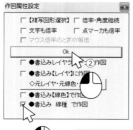

①　□ ●書込み 線種 で作図 にチェック

6)

7)

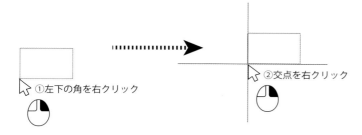

①左下の角を右クリック　②交点を右クリック

8)  で確定

36-5 距離を指定して移動、複写

移動コマンドと複写コマンドでは、移動距離を数値指定できます。

例題 36-5　2本の実線の交点に配置した半径2,000mmの円を、距離を指定して右図のように8個複写してください。

〈製図条件〉
　　移動距離　水平方向（X軸方向）3,000mm
　　　　　　　垂直方向（Y軸方向）2,000mm

〈解答〉

1) [X] 円を選択

2) [C]

3)

4)

5) **Enter**　POINT ●画面上で左クリックしてもよい。

6)
①連続を2回クリック

7) 数値位置の値を、3,000, − 2,000 → − 3,000, 2,000 → − 3,000, − 2,000 と変えて繰り返す

〈アドバイス〉複線コマンドと複写コマンドの違い

 複線コマンドと複写コマンドは、ともに図形をコピーする機能を持ちますが、その内容に若干違いがあります。
「直線を1,000㎜ 上方にコピーする」とき、水平線ならば複線コマンドで複線間隔を1000とした場合も、複写コマンドで数値位置を0,1000とした場合も同じ結果が得られますが、斜線の場合は異なる結果となります。
これは複写コマンドが複写距離をx方向とy方向の座標で指定するのに対し、複線コマンドは直線の鉛直方向の距離で指定するからです。

36-6　反転移動、複写

例題 36-6　交差する2本の実線の左上（第2象限）にある図形と文字を水平線（X軸）と垂直線（Y軸）を基準線として各象限に反転複写してください。

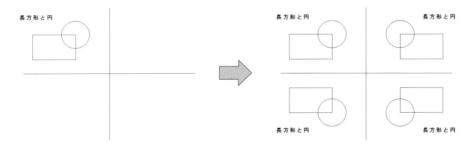

〈解答〉

1) **X**

2)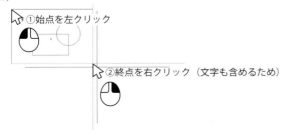
①始点を左クリック
②終点を右クリック（文字も含めるため）

128

3)

4)

5)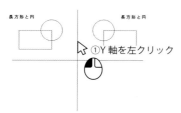

6) **X**

7)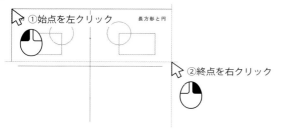

8) **C**

9)

10)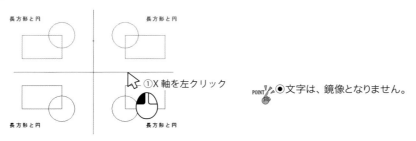

    POINT ●文字は、鏡像となりません。

11) ─ 左AM で確定
       AUTO

POINT ●反転移動・複写は、基準線の反対側に図形を鏡像として移動、複写します。
      ●このコマンドを使用するときは、基準線（直線）が必要となります。

36-7 縮小・拡大移動、複写

例題 36-7　図形と文字を Y 軸方向に 0.5 倍、X 軸方向に 2 倍で複写してください。

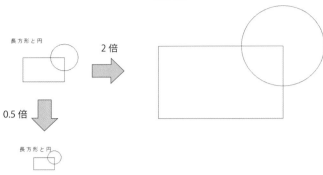

〈解答〉

1) [X]　図形と文字を範囲選択

2) [C]

3)

[Shift]+[Space]　2

4) 複写位置で左クリック

5)

0.5

6) 複写位置で左クリック

7) 左AM（AUTO）で確定

POINT ● Jww では、図形の拡大・縮小に移動、複写コマンドを使用します。

〈アドバイス〉**文字も拡大・縮小する**

例題 36-7 では、文字は拡大・縮小されません。文字も図形と一緒に拡大・縮小するには、コマンドバーの [作図属性] ボタンを左クリックして、作図属性設定ウインドの ☐ 文字も倍率 をチェックします。

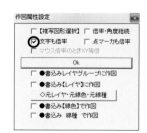

36-8 レイヤを変えて移動、複写する

　線種の変更と同様、レイヤとグループを変更して移動、複写するには、作図属性設定ウインドを使います。

|例題 36-8|　グループ0－レイヤ0にある文字と図形をグループ0－レイヤAに複写してください。

〈解答〉

1) グループ0－レイヤAを書込レイヤにする

2) [X]　図形と文字を選択

3) [C]

4)

5)
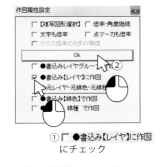

①☐ ●書込み【レイヤ】に作図
にチェック

6) 複写位置で左クリック

7) -(左AM) で確定
　　AUTO

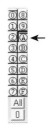

POINT♪● レイヤバーのグループAに図形と文字がコピーされているのを確認してください（右図）。

|演習 36-8|　例題36-8のグループ0－レイヤ0、レイヤAの図形と文字をグループAの同じレイヤにコピーしてください。

♪〈ヒント〉　作図属性設定ウインドの☐ ●書込みレイヤグループに作図 をチェック。

36-9　他の図形の中心に移動、複写する

この方法は、図面を図面枠の中心に配置するのに便利です。

例題 36-9　下図のように、横 20,000mm、縦 10,000mm の長方形の中心に横 10,000mm、縦 5,000mm の長方形を移動してください。

〈解答〉

1) **X**　小さい長方形を範囲指定

2)

3) **Q**　小さい長方形の中点を求める

4)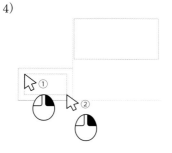

POINT ●小さい長方形を範囲指定すると中心点が基点となりますが、ここでは図形の中心点を指示する練習をしました。

5) **M**

6) **Q**　大きい長方形の中点を求める

7)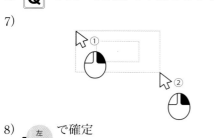

8) 左AM で確定
   AUTO

37　パラメトリック変形 P

　パラメトリック変形は、図形を自由に変形するコマンドです。変形範囲の指定方法により、結果が変わります。

37-1　任意に変形する

例題 37-1　長方形をパラメトリック変形により、右上の2本の直線の交点まで引き延ばして、AおよびBに変形してください。

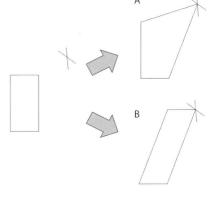

〈解答〉
●変形 A

1) P

2)

● パラメトリック変形では、消去コマンド、移動、複写コマンドなどのように、範囲指定コマンド X で範囲指定できません。

3)

4) 線の交点で右クリック

5)  で終了
AUTO

● 変形 B

1)

2)

3)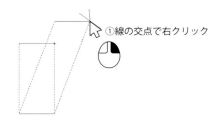

4) ![左AM] で終了
   AUTO

POINT ● パラメトリック変形を行なう場合、必ず直線の端点が含まれるように範囲指定する必要があります。伸縮される直線は、範囲指定後ピンク色の破線で表示されます。

〈アドバイス〉パラメトリック変形の方向の切り替え

advice ＊ パラメトリック変形の方向を Space を使って次のように切り替えることができます。
 ① Space を押すと、任意方向 → X方向 → Y方向 → XY方向 の順で切り替える
 ② Shift ＋ Space で XY方向 に切り替え
 ③この切り替えは、コマンドバーのボタンの左クリックでも可能です

演習 37-1　パラメトリック変形を用いて、右図の左側の図形を右側の図形に変形してください。ただし、図形の寸法および変形の移動距離は任意です。

♪〈ヒント〉　上部の楕円を指定範囲内に含める。

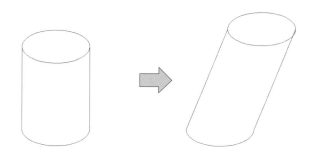

〈アドバイス〉パラメトリック変形の範囲指定について

 * 円、円弧、楕円、および文字（変形範囲指定の終点を右クリック）を範囲に含めることができますが、移動のみで変形はできません。

* 範囲指定をした後、範囲コマンドと同じようにマウスクリックで図形や文字の追加、除外が可能です。

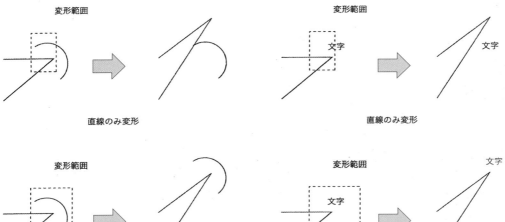

37-2　変形量を指定して変形する

例題 37-2　長辺 20,000mm、短辺 10,000mm の長方形から、上底 10,000 mm、下底 20,000mm、高さ 10,000mm の台形を作成してください。

〈解答〉

1) **R**　横 20,000㎜、縦 10,000㎜ の長方形を描く

2) **P**

3)

4)
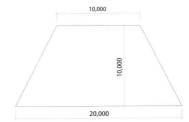

5) **Enter**

6) **P**

7)
右上頂点を含む
2辺を囲む

8)
-5000..0

9) **Enter**

10) 左AM で終了
AUTO

演習 37-2 右の図形を描いてください。ただし、開口部の変形は、パラメトリック変形を使用してください。

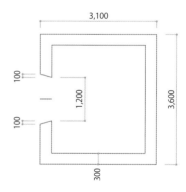

〈アドバイス〉寸法図形のパラメトリック変形

* 1辺が 10,000mm の正方形に寸法を記入してください。次に水平方向に 2,000mm パラメトリック変形すると、水平方向の寸法値が 12,000 に変更されています。

* このようにパラメトリック変形や拡大・縮小に応じて、図形の寸法表記が自動的に変更される機能を寸法図形といいます。本書では、「8　寸法の設定」で「寸法線と値を【寸法図形】にする」(参照 p.25)」にチェックを入れて設定しています。

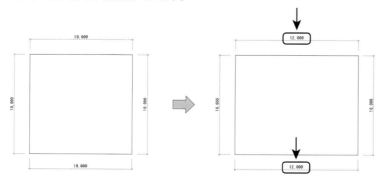

38　分割 Shift + D

直線や円弧を任意に等分できると、位置決めなどに便利です。分割コマンドは、このような目的に適したコマンドです。

38-1　2点間を等分割する

[例題 38-1]　任意の長さの直線を5等分してください。なお、分割点は仮点で示してください。

〈解答〉

1) Shift + D

2)

〈アドバイス〉仮点の指定
* 仮点は Shift + Space で指定できます（参照 p.107、30-2）。

3)

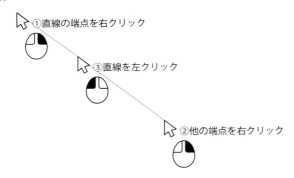

①直線の端点を右クリック
③直線を左クリック
②他の端点を右クリック

〈アドバイス〉直線を移動させても仮点は移動しない
仮点は、基準点として右クリックで指示することができますが、分割した直線を移動しても仮点は一緒に移動しません。また、仮点の消去は、点コマンドで行います（参照 p.107、30-2）。

[演習 38-1]　例題38-1で分割した1つの区間を更に3分割してください。なお、分割点は実点で示してください。（巻末解答）

38-2　円、円弧を等分割する

例題 38-2　任意の円弧を 5 等分してください。なお、分割点は仮点で示してください。

〈解答〉

1) **Shift** + **D**

2)

3)

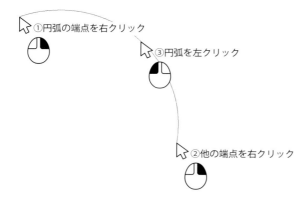

POINT ●円、円弧を分割する場合、始点と終点の指示を左回りに行う必要はありません。

38-3　2 線間を等分割する線を引く

例題 38-3　間隔 13,000mm の平行線を 7 等分する線を引いてください。

〈製図条件〉
　等分線：点線 1

〈解答〉

1)

2)
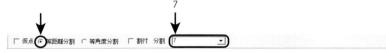

3) [F] 点線1を選択

4)
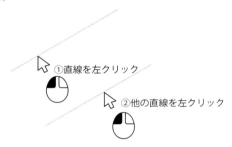

演習 38-3　一辺の長さが 20,000mm の正三角形の2辺を7等分する直線を引いてください。（巻末解答）

♪〈ヒント〉　右クリック頂点、左クリックで底辺を指示せよ。

38-4　一定の長さで分割する

例題 38-4　任意の直線を左端から 3,000mm ごとに分割してください。なお、分割点は仮点で示してください。

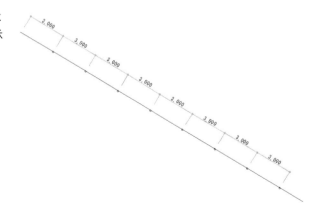

〈解答〉

1) [Shift] + [D]

2)
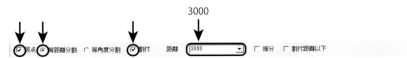

3)

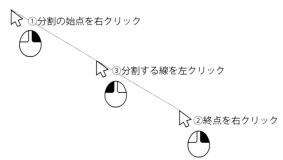

演習38-4　任意の直線を中点から2,000mmごとに振り分けて分割してください。（巻末解答）

♪〈ヒント〉　コントロールバーの☑ 割付をチェックした後、☐ 振分もチェックする。

38-5　角度を等分割する線を引く

例題38-5　任意の角 AOB を 9 等分する線を点線1で引いてください。

〈解答〉

1) **Shift** + **D**

2)

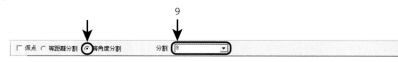

3)

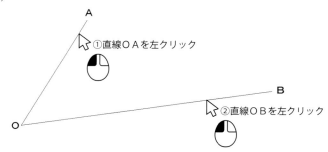

〈アドバイス〉クリックの場所を変えると…

クリックの場所を変えると、異なった結果になります。

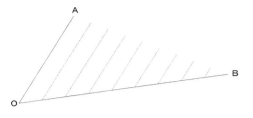
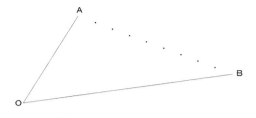

(1) 直線 AO を左クリック、点 B を右クリック　　(2) 点 A を右クリック、点 B を右クリック

39　データ整理　Shift + I

図面の重複した線や点を消去、連結するコマンドです。

例題39-1　グループ0－レイヤ0に描かれた4個の正方形を右図のように田の字に組み合わせた図形を連結整理してください。なお、正方形の1辺は 5,000 mm とします。

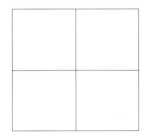

〈解答〉

1) ［X］　全体を範囲選択

2) ［Shift］+［I］

3)

●選択範囲内の同じレイヤにある同線色、同線種の線、同色の実点のみを処理します。
　●実線以外の線（補助線も含む）も処理できます。

処理された線数

連結整理が終了した画面の左上を見てください。－ 10 と表示されています。これは連結整理によって処理された線の本数を表します。

〈アドバイス〉重複整理と連結整理

＊ コマンドバーには、重複整理と連結整理があります。例題 39-1 で連結整理された線の数は 10 本でした。もう一度同じ図形を作図して、重複整理を行ってください。今度は処理された線は 4 本となります。

＊ 重複処理では、正方形の重なった辺を1本にする処理のみを行いますが、連結処理では同じ線上にある左右の辺を1本に連結する処理まで行います。

連結処理

5章 データベースと画像挿入

データベース

40 図形登録 図登 (ユーザーコマンドバー)

Jwwには、テンプレートに相当する図形機能があり、自分で作成した設備や家具などの記号を登録できます。また、設備メーカーなどのWEBサイトからダウンロードした図形も登録できます。

例題 40-1 例題34-1(p.117)で作成した洋便器を読み込んでください。次に「自作図形」という新しい図形フォルダに「洋便器」という名前で図形登録してください。

〈製図条件〉
　　基準点位置:タンクの中心線の30mm上(補助線で指示)

〈解答〉
1 準備
1) グループEを非表示グループにする
2) ユーザーコマンドバーの 図登 ボタンを左クリック
3) X 図形を範囲選択
4) 基点位置にマウスカーソルを当てて基準点設定*
　　* 次の方法でもよい。
　　　①コントロールバーの 基準点変更 を左クリック
　　　②基点を右クリック
　　　③コントロールバーの 選択確定 を左クリック

5)

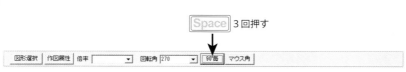

Space 3回押す

2 新規図形フォルダの作成

1)

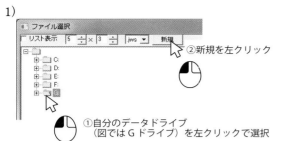

2)

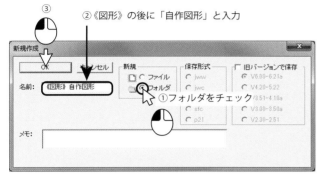

POINT ●《図形》という文字を消さないこと。

3 洋便器の登録

1)

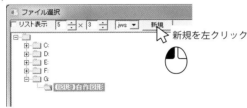

POINT ●このとき《図形》自作図形フォルダが選択されていることを確認すること。

2)

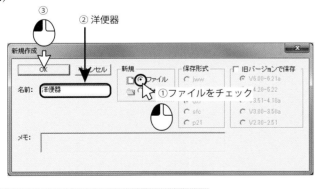

POINT ●図形ファイルには、.jws という拡張子が付けられます。

〈アドバイス〉図形の基準点をどこにするか？

advice 図形を配置するとき、基準点を図面上の交点や端点に合わせて配置できます。図形を登録するとき、基準点の位置を図形によって工夫してください。

41 図形 G

Jwwには、自分で登録した図形以外にも主な建築記号が登録されおり、テンプレートとして簡単に利用できます。

例題 41-1 例題40-1で登録した図形を、右図のように長辺1,500mm、短辺900mmの長方形内部に配置してください。

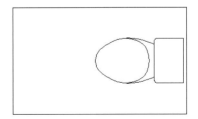

〈解答〉

1) G

2)
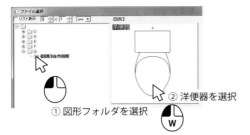

POINT ●画面に図形が赤い線で表示される。

3)
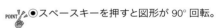

POINT ●スペースキーを押すと図形が90°回転。

4) Q

5)
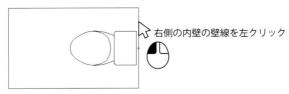

右側の内壁の壁線を左クリック

6) 左AM で終了 (AUTO)

POINT ●配置された洋便器は、図形属性を持ちます。

〈アドバイス〉図形ファイルの 2 つの形式（jws と jwk）

 現バージョンの図形ファイル形式は jws 形式ですが、旧バージョンでは、jwk という形式が使われていました。

現在でも建築設備メーカーなどの Web で提供されている Jww 用のデータには jwk 形式が残されています。jwk データの読み込みには、図形ファイル選択ウインドで jwk 形式を選択してください。

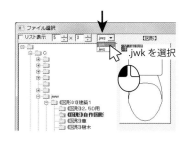

〈アドバイス〉登録図形とグループ、レイヤおよび線属性の関係

 読み込んだ図形は、通常、登録された線色、線種で書込レイヤに配置されますが、コントロールバーで変更することができます。例えば、書き込み線色で作図する場合は、次のようにします。

1)

2)

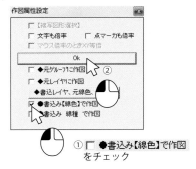

〈アドバイス〉登録図形の消去

 Jww には、登録された図形を図形フォルダから消去するコマンドはありません。登録した図形を消去するには、Windows のマイコンピュータから登録図形のフォルダを開き、消去する図形ファイルをごみ箱に移します。

42 建具平面 F2

ドアや窓のような建具を開口部のサイズに合わせて自動的に配置する機能です。

42-1 寸法指定して建具を配置する

例題 42-1　100mm 厚の壁の幅 900mm の開口部に建具平面コマンドで片開きドアを配置してください。壁の開口部は、包絡コマンドで作成します。

〈製図条件〉

使用記号　【建具平面 A】［7］、内法 800mm、見込 70mm、枠幅 50mm、芯ずれ 0mm

線色：2、線種：実線

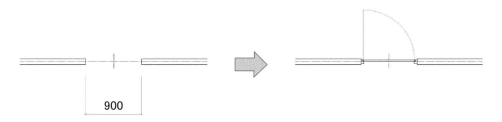

〈解答〉

1) F　線色2、実線を選択

POINT ●建具選択を行う前に、線色と線種を選択します。

2) F2

3)

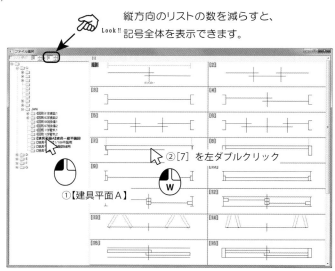

縦方向のリストの数を減らすと、Look!! 記号全体を表示できます。

①【建具平面A】

②［7］を左ダブルクリック

4)

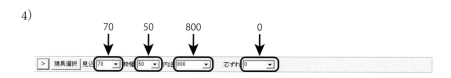

5)

①壁中心線を左クリック　　②建具が赤い線で表示される

6)

＞を左クリック

7)

基準点変更を左クリック

8)

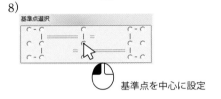

基準点を中心に設定

POINT ●建具の基準点は、Space で横方向、Shift + Space で縦方向の選択ができますが、基準点選択ウインドで指定するほうがわかりやすいと思います。

9)

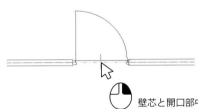

壁芯と開口部中心線の交点を右クリック

POINT ●建具平面の各寸法は、右図のとおりです。
●配置されたドアは、建具属性を持ちます。

A：見込
B：枠幅
C：内法

〈アドバイス〉ドアの開き方向

advice ドアの開き方向は、基準線をクリックした後、内開き、外開きはコントロールバーの □ 内外反転、左開き、右開きは □ 左右反転をチェックします。

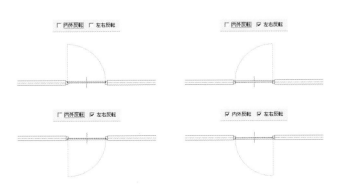

42-2　開口部に合わせて建具を配置する

例題 42-2　100mm 厚の壁の開口部（開口幅は任意）に建具平面コマンドで引き違い窓を配置してください。

〈製図条件〉
　　使用記号:【建具平面 A】［4］、内法無指定、見込 70mm、枠幅 35mm、芯ずれ 0mm
　　線色:2、線種:実線

〈解答〉

1) [F]　線色 2、実線を選択

2) [F2]

3)
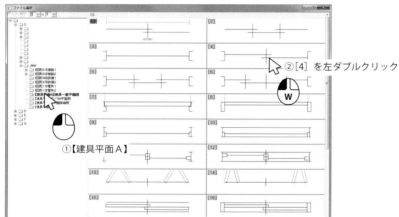

4)

5)

6)

7)

基準点を枠の左外側中央に設定

8)

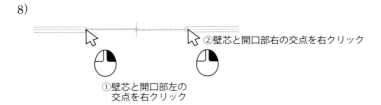

①壁芯と開口部左の
交点を右クリック

②壁芯と開口部右の交点を右クリック

●内法を無指定、基準点を枠の外側に設定することで、建具を開口部の幅に合わせて配置できます。

〈アドバイス〉線色と線種に注意

建具は、選択されている線色と線種で書き込まれます。建具を選択する前に確認してください。建具のウインド表示中は、線属性を選択できません。

43　建具立面 F4

立面図に使用する窓サッシの外形を簡単に描くことができます。

例題 43-1　横 20,000mm、縦 7,000mm の長方形内に建具立面を配置してください。

〈製図条件〉

使用記号　　①窓・・・【建具立面 A】［2］、横 2,000mm、縦 1,310mm
　　　　　　②ドア・・【建具立面 A】［12］、内法：横 2,000mm、縦 2,500mm

線色：2、線種：実線

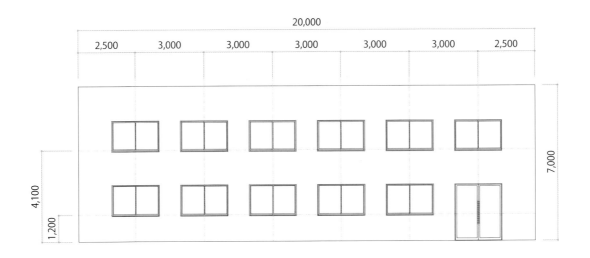

〈解答〉

1) [F]　補助線

2) [D]　窓を配置する下端（横方向）と中心（縦方向）に補助線を引く

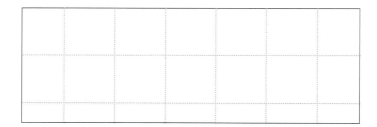

3) [F]　線色2、実線を選択

4) [F4]　　　　　　　　　　　　POINT ●建具選択を行う前に線色と線種を選択します。

5)

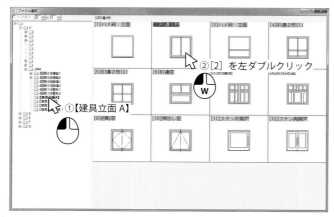

①【建具立面A】
②[2] を左ダブルクリック

6)

2000..1310　中　下内法

* 建具立面には、コントロールバーに基準点を決めるボタンが2つあります。左側は基準点位置の左右、右側は上下の位置を選択します。この組み合わせで、建具立面の基準点を決めます。

* 建具平面と同じように [Space] で横方向、[Shift] + [Space] で縦方向の基準点の選択ができます。

7)

補助線の交点で右クリック

8) F4

9)

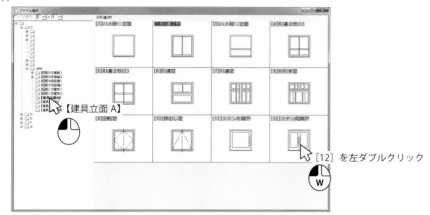

【建具立面A】

[12] を左ダブルクリック

10)

2000..2500　中　下外側

11)

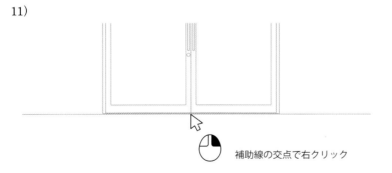

補助線の交点で右クリック

44 線記号変形 K

建築図面には、方位記号や階段の破断線など、細かい書込みを必要とする箇所があります。線記号変形は、このような部分を簡単に描画できる便利なコマンドです。

44-1 方位記号の記入

例題 44-1　図のような方位記号を描いてください。ただし、基準線の傾きは、60° とします。

〈解答〉

1) F　線色2、実線を選択

2) S　60° の直線を引く

> POINT ● 線記号変形も、選択されている線色と線種で書込まれます。建具と同じように選択する前に確認してください。線記号変形のウインド表示中は、線属性を選択できません。

3) K

4)

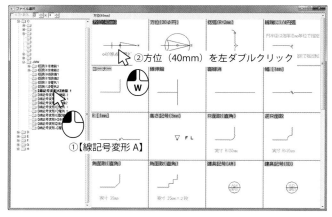

> POINT ● Jww の線記号変形には、2 種類の方位記号が用意されています。

5)

 直線の上端に近い部分を左クリック
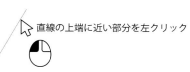

> POINT ● 直線の下端に近い部分をクリックすると、包囲記号が逆向きになります。

44-2 階段の破断線を記入する

例題 44-2　階段に破断線を記入してください。

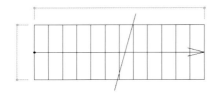 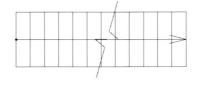

〈製図条件〉
　線色:2、線種:実線、破断線の角度:75°、倍率:x方向1倍、y方向2倍

〈解答〉

1) [F]　線色2、実線を選択

2) [S]　75°の直線を引く

3) [K]

4)
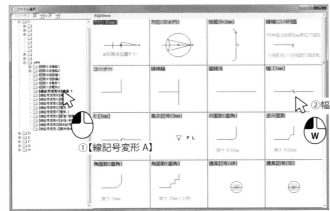

5)
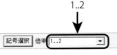

POINT ●記号の大きさを変えるには、コントロールバーの倍率をx, y形式で入力します。x, yとも2倍にする場合は、2と入力します。

6)
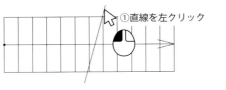 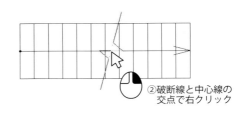

測　定

45　測定 Shift + R

図形の辺の長さや面積などを測定します。

45-1　距離測定

例題 45-1　1辺が 15,000㎜（15m）の正三角形の外周の長さを測定してください。
〈測定条件〉
　　単位　m、小数桁　1

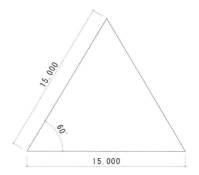

〈解答〉

1) Shift + R

2)

3)
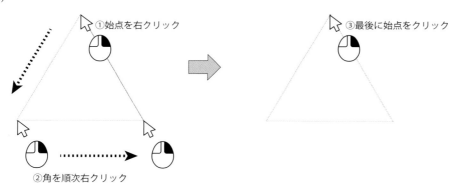

4) 画面左下のメッセージの【　】内に結果が表示される

POINT ●右隣の数値は、最終の辺の長さです。

45-2　面積測定

例題 45-2　例題 45-1 の多角形の面積を測定してください。

〈解答〉

1)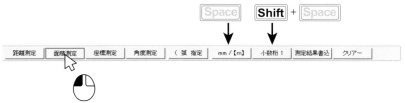

2)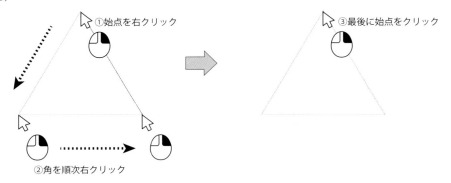

3)

4) 画面左下のメッセージの【　　】内に結果が表示される

45-3　測定結果を画面に書き込む

例題 45-3　例題 45-2 の測定結果を図形内部に記入してください。

〈製図条件〉
　文字サイズ　10、小数桁 0　無、カンマ　有、
　切り捨て、単位表示　有

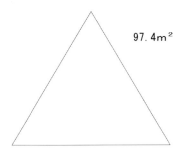

〈解答〉

1) Shift + R

2)

3)

① 10　② 0　③ 有　④ 切り捨て　⑤ 有

POINT ●文字サイズは、この画面のコントロールバーで設定します。

4) 面積測定を行う

5)

6) 画面で左クリック

POINT ●図面上で部屋の面積記入や面積表への記入に便利な機能です。
　　　●配置を右クリックックで行うと、文字の左下を基点として線の交点や端部に配置できます。

〈アドバイス〉**数字キーの利用**

advice ①各測定は、数字キー(注：テンキーは使用できない)で選択できます。
　　　　1：距離測定、2：面積測定、6：mmとmの切り替え、
　　　　7：小数桁、8：測定結果書込、9：書込設定
　　　②書込設定は、さらに次の段階を数字キーで選択できます。
　　　　1：文字サイズ切り替え、2：小数桁0有無、3：カンマ有無、
　　　　4：小数の処理、5：単位表示有無、6：OK（決定）

画面表示

46 画像編集 画像 (ユーザーコマンドバー)

Jwwではbmp形式の画像を図面に挿入できます。残念ながら、デジカメの画像（jpg形式）は使用できない*ので、あらかじめbmp形式に変換しておく必要があります。例題に先立ち、bmp形式の画像をデータディスクに用意してください。

* プラグイン（別のプログラム）を導入することで、jpg形式を扱うことができるようになります。 を参照してください。

46-1 画像を読み込む

例題 46-1 データディスクの画像を読み込み、画面上に配置してください。

〈製図条件〉
　画像レイヤ:グループ０－レイヤ０

〈解答〉
1) グループ０－レイヤ０を選択
2) ユーザーツールバーの 画像 を左クリック
3)

画像挿入を左クリック

4)

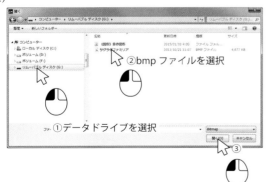

5)

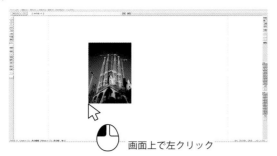

画面上で左クリック

●画像の基点は、画像の左下となります。

〈アドバイス〉 jpg 形式以外の画像の貼り付け

デジカメなどで撮影した jpg 形式の画像を Jww で読み込むためには、下記のサイトから ifjpg033.lzh というプラグインをダウンロードしてください。解凍したフォルダ内のすべてのファイルを Jww フォルダにコピーすると、画像挿入 ボタンを押した後に開くウインドで jpg が選択できるようになります。

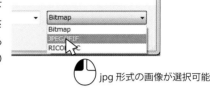
jpg 形式の画像が選択可能

ダウンロードサイト：Susie の部屋（検索エンジンで検索可能）
http://www.digitalpad.co.jp/ 〜 takechin/

＊画面の JPEG plug-in 0.33 をクリックする。
＊このデータは 2015 年 3 月 24 日現在のものです。

46-2　画像のサイズを変える

画像のサイズを変えるには、画像フィットを使用します。

例題 46-2　例題 46-1 で配置した画像を、画像右上の横 4,000㎜、縦 5,000㎜（縮尺 1/100）の長方形内部に画像フィットしてください。

〈解答〉
1) ユーザーツールバーの 画像 を左クリック
2)

3)

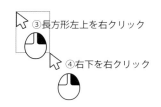

①写真左上を右クリック
②右下を右クリック
③長方形左上を右クリック
④右下を右クリック

POINT ●移動後に元の写真が残ったときは、両クリックで再描画すると消えます。

フィット方向

フィット方向

POINT ●サイズが変更されても、画像のアスペクト比（縦横の比）は変わりません。
●縦長の画像は、指定範囲の高さ、横長の画像は幅に合わせてフィットされます。

横長画像　　　　　縦長画像

46-3　画像を移動する

マウスで画像を移動します。

例題 46-3　例題 46-1 の画像を移動してください。

〈解答〉

1) ユーザーツールバーの 画像 を左クリック
2)
3)

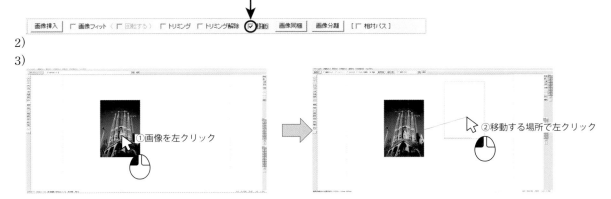

①画像を左クリック
②移動する場所で左クリック

4) 両クリックで再描画

46-4　画像を消去する

　画像は、文字と同じように右クリックで消去します。

|例題 46-4|　例題 46-1 の画像を消去してください。

〈解答〉

1)

2)

POINT　●必ず左下の部分を右クリックしてください。
　　　　他の部分では、消去できません。

3）両クリックで再描画

〈アドバイス〉　**複数の画像を消去する**

　複数の画像を消去する場合は、範囲コマンドで目的の画像全体を指示してから消去コマンドを使用します。このとき、範囲指定の終点は右クリックで指示します。選択された画像の左下には、画像のリンク先がピンク色の文字で表示されます。

46-5　画像同梱

　Jww に挿入された画像は、リンク（別の場所にある画像を Jww が参照している）された状態です。他のパソコンではこのリンクが切れてしまうため、画像同梱が必要です。

|例題 46-5|　画像の横に画像名を記入した後、画像同梱してからデータディスクに保存してください。

〈解答〉
1)

2)

3) データを保存

〈アドバイス〉 画像同梱ファイルを使用できる Jww のバージョン

 画像同梱したファイルを他のパソコンで読み込む場合、Jww のバージョン 7.00 以上がインストールされている必要があります。

6章 製図演習

　設計製図演習では、Jww のサンプル図面「マンション平面図」を元にした図面を製図します。

6-1　jwf ファイル（環境設定ファイル）のレイヤ設定機能

　製図に先立ち、環境設定ファイルを準備します。製図レイヤ選択や線色、線種選択ミスをできるだけ減らすために、Jww には環境設定ファイルに下記のような機能があります。

①グループ名、レイヤ名をあらかじめ設定する
②書込レイヤを変更したとき、線色を自動的に変更する
③書込レイヤを変更したとき、線種を自動的に変更する
④コマンドを選択したとき、自動的に書込レイヤを変更する

　これらの機能を利用するためには、環境設定ファイルの内容をノートパッドなどのエディタで書き換えます[*1]。

　課題1　例題 12-2（p.37）で保存した環境設定ファイル（製図演習環境設定 .jwf）をノートパッドで読み込み、グループ、レイヤの自動機能部分を書き換えてください。

〈解答〉
1) メニューバーの設定→環境設定ファイル→編集・作成を選択
2) データディスクの環境設定ファイルをダブルクリック
3) メモ帳が起動
4) 次のようにファイルを変更する

①グループ名とレイヤ名を確認する

　LAYNAM という部分を表示してください。ノートパッド検索機能（Ctrl + F）を使うと便利です。LAYNAM_1 と LAYNAM_F の行が、次のようになっていることを確認します。

```
LAYNAM_1 = 平面図, 壁芯, 躯体, 間仕切り, 外形線, 建具, 設備機器, 仕上げ, 文字, 寸法, ハッチ,
           ソリッド, 線記号変形, , , 補助線
LAYNAM_F = 図面枠, 枠線, 文字, , , , , , , 補助線
```

　LAYNAM は、LAYNAM_0 = グループ名, レイヤ名（0）, ･･･, レイヤ名（F）のように記述します。区切りは ,（半角カンマ）です。

②書込グループ・レイヤを変更したとき、線色を自動的に変更する

　LAYCOL という部分を表示してください。LAYCOL_1 と LAYCOL_F の行を半角数字で次のように書き換えます。数字と数字の間は、半角スペースで区切ります。

```
LAYCOL_1 = 5 2 7 3 3 2 1 0 0 1 0 1 0 0 0 0
LAYCOL_F = 6 0 0 0 0 0 0 0 0 0 0 0 0 0 0 0
```

　LAYCOL の数値は、レイヤ 0 から F までの線色番号を表します（補助線色は 9）。例えば、グループ 1 －レイヤ 0 を書込レイヤにすると、自動的に線色がシアンに変更されます。数値が 0 の場合は、書込レイヤを変更しても線色の変更はありません。

③書込レイヤを変更したとき、線種を自動的に変更する

　LAYTYP という部分を表示してください。この LAYTYP_1 と LAYTYP_F の行を次のように書き換えます。

```
LAYTYP_1 = 6 1 1 1 1 1 1 0 0 1 0 1 0 0 0 9
LAYTYP_F = 1 0 0 0 0 0 0 0 0 0 0 0 0 0 0 9
```

　LAYTYP の数値は、レイヤ 0 から F までの線種番号を表します（補助線は 9）。例えば、グループ 1 －レイヤ 0 を書込レイヤにすると、自動的に線種が一点鎖線 2 に変更されます。数値が 0 の場合は、書込レイヤを変更しても線種は変更されません。

④コマンドを選択したとき、自動的に書込レイヤを変更する

　COM_LAY という部分を表示してください。(1)から(43)は、対応するコマンド番号[*2]で、その下の COM_LAY の行にある 2 桁の数値を書き換えます。十の位はグループ番号、一の位はレイヤ番号となります[*3]。

　ここでは、(5)文字、(7)寸法、(20)建具平面、(27)図形、(28)線記号変形、(35)ハッチ、(43)ソリッド図形を次のように書き換えます。

```
COM_LAY01 =  00  00  00  00  17  00  18  00  00  00
COM_LAY11 =  00  00  00  00  00  00  00  00  00  14
COM_LAY21 =  00  00  00  00  00  00  15  1B  00  00
COM_LAY31 =  00  00  00  00  19  00  00  00  00
COM_LAY41 =  00  00  1A
```

⑤書き換えが終わったら、上書き保存してノートパッドを終了してください。

[*1] 詳しくは、Jww フォルダにある sample.jwf を参照してください。
[*2] 巻末の付録 3（p.187）を参照してください。
[*3] 数値が 00 のコマンドは、そのコマンドを選択してもグループとレイヤは変更されません。したがって、グループ 0 －レイヤ 0 にこの機能を使うことはできません（グループ 0 －レイヤ 0 は 00 となるため）。

6-2　コマンド選択とグループ、レイヤ選択による自動変更

F9 を押して、環境設定ファイル（製図演習環境設定 jwf）を読み込んでください。

①コマンド選択による自動変更機能

コマンド選択によるグループ、レイヤ、線色、線種の自動変更

番号	コマンド	キー	グループ	レイヤ	線色	線種	備考
5	文字	L	1	7			
7	寸法	Shift + E	1	8			
20	建具平面	F2	1	4	2	1	
27	図形	G	1	5	3	1	線色、線種は作図属性で変更
28	線記号変形	K	1	B	1	1	
35	ハッチ	H	1	9	1	1	
43	ソリッド図形	Shift + S	1	A			

例えば、文字コマンドを選択すると、レイヤがグループ1－レイヤ7に自動的に変更されます。建具平面コマンドを選択すると、レイヤがグループ1－レイヤ4となると同時に線色が2、線種が1に変更されます。

ただし、図形コマンドは、グループ、レイヤ、線色、線種は変更されますが、コマンドバーの 作図属性 をクリックしてから、 □ ●書込み【線色】で作図 にチェックを入れます。

②グループ、レイヤ選択による自動変更機能

グループ、レイヤ選択による線色、線種の自動変更

グループ1　平面図

レイヤ	レイヤ名	線色	線種
0	壁心	5	6
1	躯体	2	1
2	間仕切り	7	1
3	外形線	3	1
4	建具	3	1
5	設備機器	2	1
6	仕上げ	1	1
7	文字		
8	寸法		
9	ハッチ	1	1
A	ソリッド		
B	線記号変形	1	1
C			
D			
E			
F	補助線		9

グループF　図面枠

レイヤ	レイヤ名	線色	線種
0	枠線	6	1
1	文字		
2			
3			
4			
5			
6			
7			
8			
9			
A			
B			
C			
D			
E			
F			9

〈アドバイス〉

Jww 起動時に環境設定ファイルを読み込む

 環境設定ファイルのファイル名を jw_win.jwf として、Jww と同じフォルダに入れておくと、Jww 起動時に環境設定ファイルを読み込むことができます（参照 p.26、9-2 ）。

例えば、グループ1－レイヤ0を選択すると、線色が5、線種が6に変更されます。

6-3 図面枠作成

用紙枠を基準に図面枠を作成します。

課題2　グループFに下図のような図面枠を作成してください。

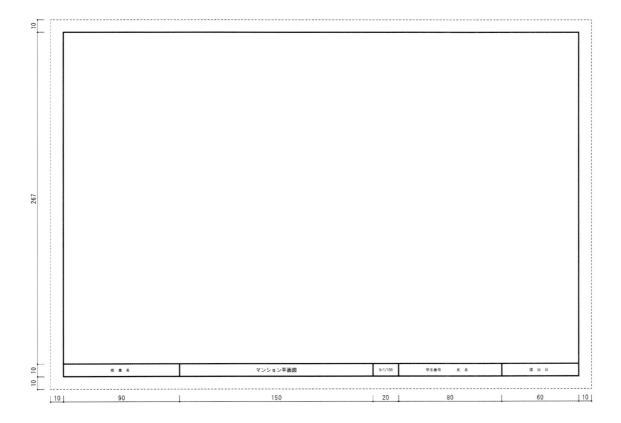

〈解答〉
1) 画面を縮小表示
2) グループF－レイヤF（このとき、線種バーが補助線になっているのを確認してください）。
3) [R] 用紙枠(赤い点線)に合わせて補助線で長方形（寸法（無指定））を描く*。

   * 用紙枠の赤い点線は、交点は読み取れますが、複線化の基準点としては使用できません。

4) グループF－レイヤ0
5) [D] 補助線を間隔10mmで複線化して外枠を作成 → [Y] 最後の部分を包絡処理

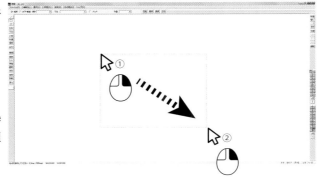

6) [D] 枠線を指定寸法で複線化 → [T] 伸縮コマンドの一括処理を使用（⇨ p.60、16-7）

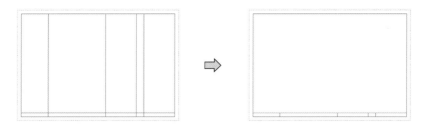

7) [L]

8) グループ F － レイヤ 1 にレイヤ変更
   （＊文字コマンドを選択すると、グループ 1 － レイヤ 7 に変更されるため）

9) 文字種：適宜、基点：中・中 → [Q] 各文字枠の中心を指示（⇨ p.86、23-3）

10) 文字を入力 → [Enter]

11) [Q] 文字枠の中心を指示 → 文字入力 → [Enter] を繰り返す

12) ［左AM AUTO］ で終了

課題3　完成した図面枠を、データディスクに「図面枠」というファイル名で保存してください。

〈アドバイス〉　グループとレイヤのプロテクト

図面の製図作業中に、図面枠に手を加えることはありません。このような場合、グループとレイヤのプロテクト機能を利用します。プロテクト機能は、2種類あります。

(1) 完全なプロテクト
　次のようにしてグループ F をプロテクトグループにしてください。
　①グループ F 以外を書込グループとする
　②[Shift]＋[Ctrl] を押しながら、グループ F を左クリック
　③グループ F が 〼 と表示される（図1）
・図面枠の線を消去してください。消去できませんね。プロテクトグループ、プロテクトレイヤとすると、そのグループやレイヤのデータは加工することができなくなります。
・また、F グループを左クリックして表示状態を非表示、ロックと変えてください。これもできませんね。× が表示されたプロテクトレイヤは、レイヤ状態も変更できなくなっています。
・プロテクトレイヤを解除するには、もう一度[Shift]＋[Ctrl] を押しながら、グループ F を左クリックします。

(2) 表示状態は変更可能なプロテクト
　[Ctrl]を押しながら、グループ F を左クリックすると、〼 が表示されます（図2）。このプロテクトでは、左クリックで表示状態を変えることができます。解除するには、もう一度、[Ctrl] を押しながら、グループ F を左クリックします。

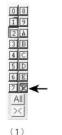

（1）　　（2）

6-4　マンション平面図の製図

[課題4]　次ページのマンション平面図を製図してください。製図においては、グループ、レイヤなどの属性を間違えないようにしてください。

　課題に取り掛かる前に、CAD製図の段取りを考えましょう。最初に壁芯を描き、次に壁や柱を描く、開口部を決めて建具を描く、テンプレートの機能を使って設備を描く、最後に文字やフローリングなどの仕上げを描くという手順は、手書き製図と同じです。

　しかし、手書き製図にはない（手書き製図ではできない）CAD特有の段取りもあります。例えば、1）図面を描いてから、移動して配置を決める、2）図面の同じ部分を複写するといったことは、手書き製図ではできません。

　今回練習するマンション平面図では、2）の複写を活用できます。平面図を見てください。室Aと室Bは設備や建具が壁芯に対して鏡対象となっています。また室Cと室Dは、室Aと室Bと同じです。すなわち、

①室Aと室Bの躯体を描く
②開口部を作成する
③室Aに間仕切り、建具、設備機器、仕上げを描く
④室Aに室名を記入する
⑤壁芯を基準線として室Aを反転複写して、室Bを作成する
⑥室Aと室Bを複写して、室Cと室Dを作成する

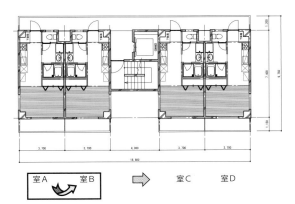

という段取りで製図を進めると、図面の大部分を完成できることがわかります。ただし、③では、引き違い窓は配置できません。引き違いの建具は右手前となっている（右の方が前になるように重なっている）ため、反転複写すると手前が変わってしまうからです。

　それでは、製図を始めましょう。製図においては、適宜ズーミングを行いながら作業することが重要です。

〈解答〉
1 躯体の壁芯を引く
　まず、室Aと室Bの躯体を描きます。

1) グループ1－レイヤ0
　　＊レイヤを切り替えた時、線色:5、線種:一点鎖線2となっていることを確認する

2) [S] 横20,000mm程度、縦12,000mm程度の壁芯を引く
　　（メッセージバーの表示に注意）

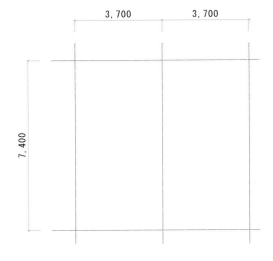

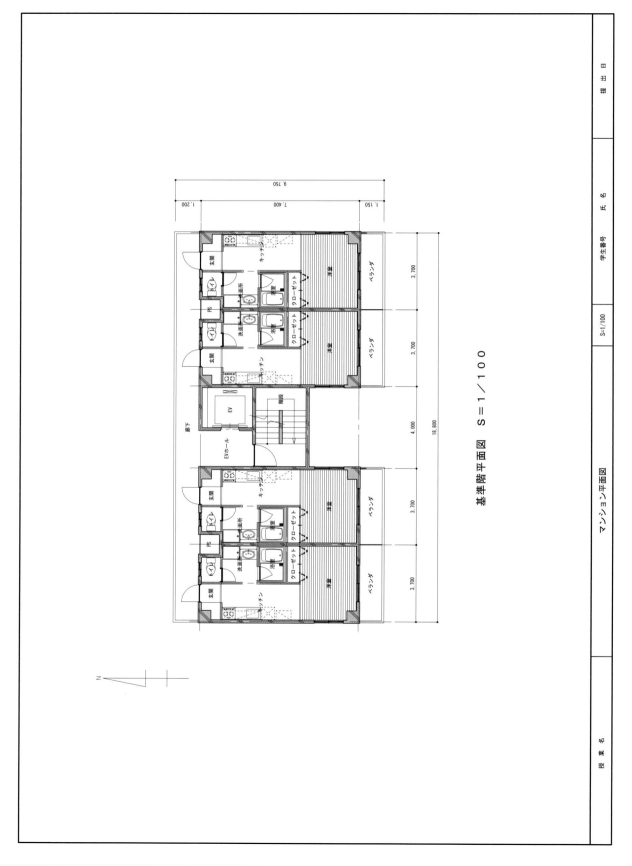

3) [D] 右に 3,700㎜ で 2 本、下に 7,400㎜ で 1 本複線化する

2 PS と間仕切りの壁芯を引く

1) [D] 右図のように、間仕切りの壁芯を引く
   ＊このとき、[Shift]を押して複線化の始点を決めると、壁芯の長さが調節できる（⇨ p.68、18-5）

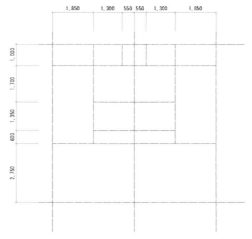

3 外壁と柱

外壁と柱を描き、包絡処理します。PS 下側は間仕切り壁に合わせるので、2 線の間隔を変えて描きます。

〈製図条件〉
　壁厚　150㎜（PS 下側は、下 50㎜、上 100㎜）、柱　600㎜ 角

1) グループ 1 − レイヤ 1
   ＊このとき線色 2 の実線となっていることを確認する

2) [W] 間隔 75㎜ で外壁と 2 室間の壁を作成（PS 下側は、間隔を 50..100 と入力）

3) [R] 寸法 600㎜
   ＊十分にズーミングして柱を配置する

4) [Y] 柱と壁、壁同士を包絡処理する

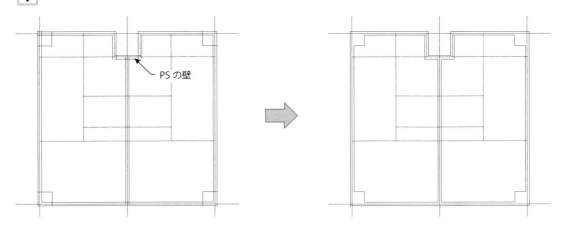

4 開口部作成

壁芯を基準線として、複線コマンド（端点指定）により室Aの外壁の開口部を作成し、室Bに反転複写します。

〈製図条件〉
　開口部寸法（下図参照）

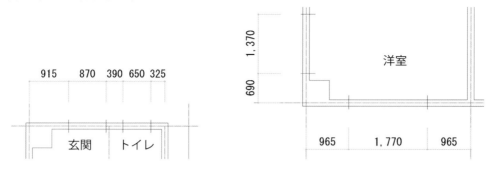

1) [D] 複線コマンド（端点指定）で外壁の壁芯を複線化して、室Aの開口部を作成

2) [X] → [C] 開口部の指示線を、壁芯を軸に室Bに反転複写

3) [Y] 中間消去して、外壁開口部の完成（⇨ p.121、35-4）

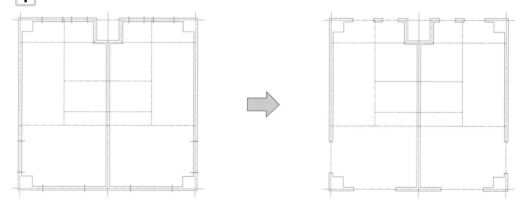

5 間仕切り

室Aの間仕切りを作成します。

〈製図条件〉
　壁厚　100mm、PS扉厚　30mm

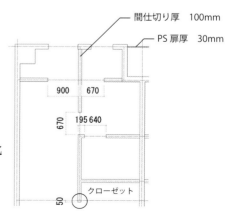

1) グループ1 ─ レイヤ2

2) [W] 間仕切り壁の2線を引く

3) [D] → [Y] 洋室とクローゼットの端部を壁芯を50mm複線化
　　　　　　（端部指定）し包絡する（○部分）

4) [D] 複線コマンド（端点指定）で開口部を指示

5) [Y] → [V] 包絡コマンド（中間消去）とコーナーコマンドで開口部を作成

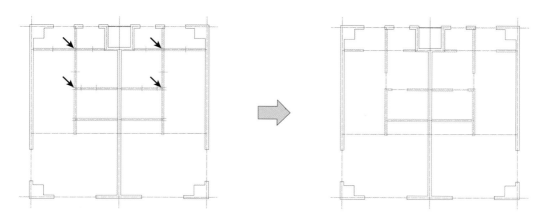

POINT ●矢印の箇所は、包絡コマンドで中間消去できないので、コーナーコマンドを使用します。

6 外形線（窓台、玄関）
室Aの下足箱と窓台（トイレ、洋室）、下足箱および玄関とキッチン、キッチンと洋間、クローゼットと洋間の見切りの外形線を引きます。

1) グループ1－レイヤ3
2) [S] 外形線で玄関の下駄箱、洋室窓台、トイレ窓台および玄関とキッチン、キッチンと洋室の見切を引く

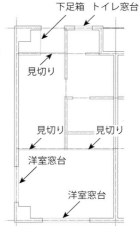

7 建具の配置
建具平面から引き違い窓以外の建具を選び、室Aに配置します。引き違い窓は、反転複写すると鏡対称（扉が右手前）となるので、最後に配置します。
〈製図条件〉
　①玄関ドア　　　【建具平面A】建具一般平面図　［7］
　　　　　　　　　見込　70㎜、枠幅　35㎜、内法　無指定
　②トイレドア　　【建具平面A】建具一般平面図　［8］
　　　　　　　　　見込　120㎜、枠幅　35㎜、内法　無指定
　③クローゼット　【建具平面A】建具一般平面図　［13］
　　　内法　無指定　（クローゼットドアは見込、枠幅は関係ない）

1) [F2] 建具一般平面図から建具を選択
　　＊このとき、グループ1－レイヤ4となっていることを確認する

2) 内法は無指定として開口部に合わせる（⇨ p.148、42-2）
3) 基準点は下図のように設定する

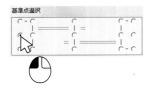

8 設備の配置

図形から設備を選び、室Aに配置します。
〈製図条件〉
　《図形》自作図形　洋便器（各自のデータドライブに保存した図形）
　《図形01》建築1（JWWフォルダの図形）　04　キッチン180-R、
　　　　　05　ユニットバス170125、07　冷蔵庫-60、08　食器棚-70、
　　　　　10　洗面化粧台-R、11　洗濯機置場-L

1) [G] 図形を選択
　　＊このときグループ1－レイヤ5となっていることを確認する

2) [F] 線色3、実線を選択

3)
　　作図属性を左クリック

4)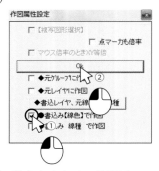

5) 基点を合わせて配置する

＊キッチンと冷蔵庫、棚の配置は、50mm間隔で補助線を引き、図形
　の基点を合わせる交点を作る。
＊基点の位置が合わない図形（冷蔵庫など）は、一旦空いているス
　ペースに配置してから新たに基点を決めて移動する。
＊洋便器は、トイレの右側の壁の中心を基点に合わせて配置する。

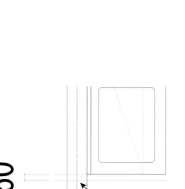

補助線で基点を作る

9 仕上げ

洋室の床のフローリングをハッチコマンドで表現します。このとき、ハッチコマンドを選択するとレイヤが自動的に9となるので、レイヤバーからレイヤ6に変更します。また、ピッチはフローリングの幅となるので、実寸とします。

〈製図条件〉
　　ハッチング　1線、角度　0、ピッチ　100、実寸

1) **H**
2) グループ1－レイヤ6（ハッチングレイヤとなるため、仕上げレイヤに変更）
3)

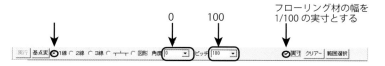

4) 洋室をハッチング

10 室名記入

室Aの各部屋に室名を記入します。

〈製図条件〉
　　文字　文字種2

1) **L** 文字種:2、基点:中・中 → **Q** 室の中心を指示

2) 室名を入力

3) **Enter**

4) すべての室名を記入

5) で終了
　　AUTO

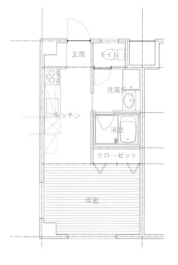

11 室A内部の複写

室A内部を室Bに反転複写します。

PSの扉が範囲に含まれないように

1) レイヤ1を非表示レイヤ、レイヤ0をロックレイヤにする

2) **X** 室A内部を、室名を含めて範囲指定する → **C**

3)

4) 壁芯を反転の基準線として左クリック

5) 左AM（AUTO）で終了

壁芯を左クリック

6) レイヤ0とレイヤ1を表示レイヤにする

12 引き違い窓の配置

反転複写できない引き違い窓を配置します。

〈製図条件〉

洋室窓　【建具平面A】建具一般平面図［12］
　　　　見込　70mm、枠幅　20mm、内法　無指定

トイレ窓　【建具平面A】建具一般平面図［12］
　　　　見込　70mm、枠幅　35mm、内法　無指定

1) **F2** 建具一般平面図から建具を選択

2) 基準点は、右下図のように設定する

3) 引き違い窓を配置する（⇨ p.148、42-2）

POINT ●環境ファイルの設定により、建具一般平面図コマンドを選択するとレイヤとともに線種と線色が自動的に変更されます。

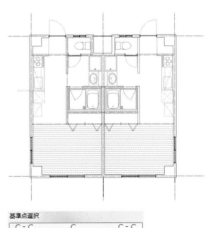

13 ベランダの作成と文字記入

室Aと室Bのベランダを作成します。

〈製図条件〉
　手すりの幅　100㎜、仕切りの幅　30㎜
　文字　文字種2

1) グループ1－レイヤ0

2) [D] 一番下の壁芯を1,150㎜外側に複線化する

3) グループ1－レイヤ3

4) [W] → [Y] 基準線を変えて2線を引き、角を包絡する（○部分）

5) グループ1－レイヤ2

6) [W] 室Aと室Bのベランダに断面線で仕切りを描く

7) [L] 文字種:2、基点:中・中 → [Q] ベランダの中心を指示

8) 「ベランダ」と記入

9) [Enter]

POINT ●線を連結しながら2線を引くと便利
（⇒ p.72、19-3）

14 室Cと室Dの複写

室Aと室Bを、室Cと室Dとして複写します。

1) [X] → [C] 水平方向の壁芯が含まれないように範囲指定した後、11,400㎜ 右側に複写する

2)

3) [Enter]

4) 左AM で終了
　　AUTO

5) [T] 水平方向の壁芯の長さを調整（○部分）

15 階段室とエレベーターの躯体作成
2つの室のブロック間に、エレベーター室と階段室と階段室の躯体を作成します。

室Cの壁芯

1) グループ1－レイヤ0
2) レイヤ0以外を非表示レイヤとする
3) [D] 壁芯を複線化する
4) グループ1－レイヤ1
5) [W] → [Y] エレベーターと階段室の躯体を描く
6) グループ1－レイヤ3
7) [D] 壁芯を複線化して、エレベーターシャフトの中に壁芯から325mmの梁を描く（右図）
8) グループ1－レイヤ1
9) [D] → [V] 開口部を作成する
10) [P] エレベーター入口に40mmのテーパーを作る（⇒ p.135、37-2）
11) グループ1－レイヤ3
12) [S] エレベータ入口床の外形線を引く

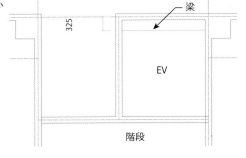

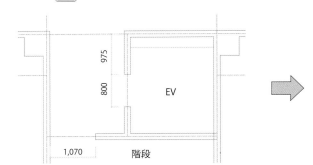 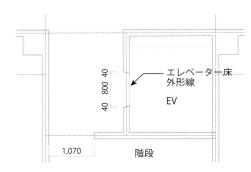

16 階段を作る
折れ階段を作成します。
〈製図条件〉
　破断線の角度:60°、倍率:x方向1倍、y方向2倍

1) グループ1－レイヤ3
2) [D] 階段室右側内部の壁線を複線化して、踊り場と階段を作成する
3) グループ1－レイヤ2
4) 階段室上下内側の壁線を複線化して、階段壁を作る
5) [Y] 包絡処理（終点右クリック）で壁内部の階段の線を消去する（⇒ p.121、35-3）

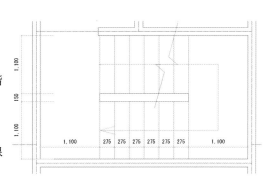

6) [T] 一括処理で階段の線を伸縮する（⇨ p.114、32-6）

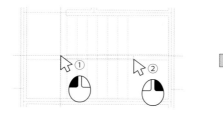

7) [S] → [V] 階段壁の左右線を引き、コーナーを処理する

8) グループ１－レイヤ６

9) [I] → [V] 階段の上り線を描く

10) [Shift] + [A] 点と矢印を描く（⇨ p.106、30-1）

11)

12) [S] → [K] 破断線を描く（⇨ p.153、44-2）

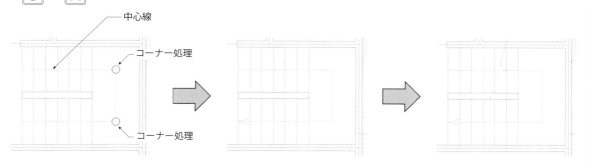

17 階段室のドアとエレベーターの配置

階段室の防火戸とエレベーターを配置します。

〈製図条件〉
　エレベーター：《図形01》建築１　01
　防火戸：【建具平面A】建具一般平面図　［7］
　　見込　70mm、枠幅　35mm、内法　無指定

1) グループ１－レイヤF

2) [I] エレベーターの開口部の中心に補助線を引く

3) [G] 補助線とエレベーター入口床との交点に、エレベータの基点を合わせて配置

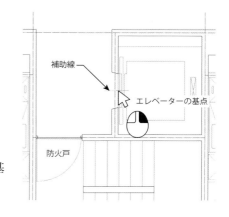

4) [F2] 階段の防火戸を内開きで配置

> POINT ●線を連結しながら2線を引いたほうが便利。

18 廊下の作成と室名記入
マンションの廊下を作成します。また、残りの室名を記入します。
〈製図条件〉
手すりの幅：100㎜、文字：文字種2

1) グループ1－レイヤF

2) [D] 上の壁芯を1,200㎜外側に複線化

3) [W] → [Y] 基準線を変えて2線を引き、角を包絡する

4) [L] 文字種：2、基点：中・中 → [Q] 室の中心を指示

5) 室名を記入

6) [Enter]

19 ハッチング
躯体に3本線のハッチを記入します。
〈製図条件〉
　ハッチング：3線、角度：45°、ピッチ：10、線間隔：0.5

1) レイヤ1以外は非表示レイヤにする

2) [X] 躯体全体を範囲指定

3) [H]

4)
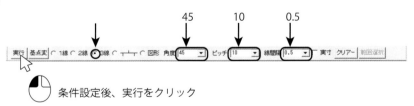

　条件設定後、実行をクリック

20 寸法記入
壁芯、廊下、ベランダ、および建物の寸法を記入します。
〈製図条件〉
　壁芯、廊下、ベランダの寸法記入位置　　= (1)
　建物の寸法記入位置　　　　　　　　　　= (2)

1) **Shift** + **E** 横方向、縦方向の寸法を記入（⇨ p.94、24-4）

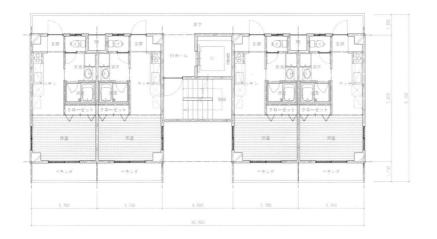

21 躯体の着色
躯体と内壁をソリッド図形で着色します。
〈製図条件〉
　ソリッド図形：薄いグレー（任意）

1) グループ1－レイヤ1以外は非表示レイヤにする

2) **Shift** + **S**

3)

薄いグレーを選択

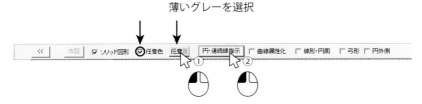

4) 各壁を左クリック（⇨ p.108、31-1）

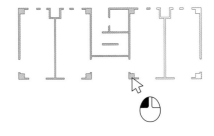

22 図面名記入
平面図の下に図名と縮尺を記入します。
〈製図条件〉
　文字：文字種5、基点：中中

1) 全レイヤを表示レイヤにする
2) グループ1－レイヤF
3) ﾛD 横方向の下の寸法線を 2,000mm 複線化し、階段部分の壁芯の中心線と交点を作る
4) グループ1－レイヤ7
5) ﾛL 「基準階平面図　S＝1／100」と入力
6) 右クリックで交点に配置

23 図面の中央配置

平面図が、図面枠の中央に配置されるように図面を移動します（⇒ p.132、36-9）。

1) ﾛX 図面全体を選択

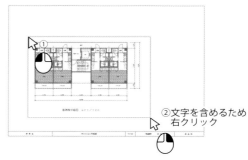

2)

3) ﾛQ

4)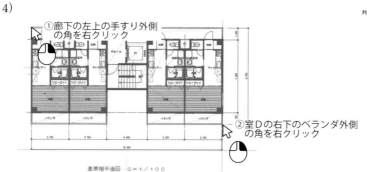

POINT ●それぞれ十分にズーミングして行うこと。この操作で、建物の中心点が決まる。

5)

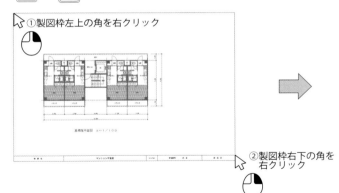
①製図枠左上の角を右クリック

②製図枠右下の角を右クリック

24 方位記号の記入

平面図に方位記号を記入します（⇨ p.152、44-1）。
〈製図条件〉
　方位記号：【線記号変形 A】建築 1 の方位（40㎜）

1) **S** 方位記号を記入する位置に垂線を引く

2) **K**

3)

方位記号を左ダブルクリック

4) 直線の上端に近い部分を左クリック

直線の上端に近い部分を左クリック

㉕データ整理

最後に、図面の線の連結整理を行います（⇨ p.141、39-1）。

1) ［X］図面枠を含めて図面全体を選択

2) ［Shift］+［I］

3)

演習問題の解答

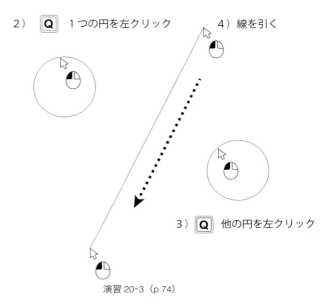

演習 18-4 (p.68)

演習 20-3 (p.74)

演習 21-1 (p.75)

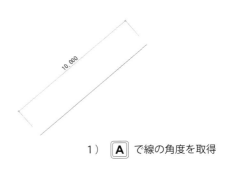

演習 24-2 (p.93)

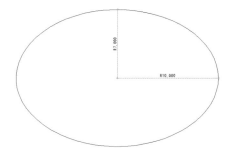

演習 24-5（p.97）

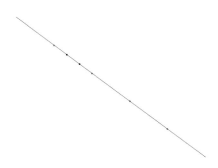

演習 38-1（p.137）

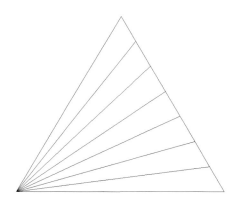

演習 38-3（p.139）

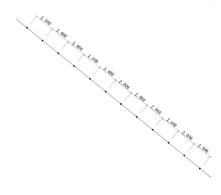

演習 38-4（p.140）

付録

付録1　キーコマンド配置図

shift ＋キーコマンドの割り当て

付録2　スペースキーによるサブコマンドのコントロール

コマンド	スペース	Shift+スペース	Ctrl+スペース
範囲指定	切取り選択　ON ⇔ OFF 確定後　追加範囲	範囲外選択　ON ⇔ OFF 確定後　除外範囲	
線	水平・垂直⇔任意	15°毎　ON ⇔ OFF	
消去	一括処理	優先消去　線⇔文字	
矩形	寸法設定で 　傾き　0°⇔ 90°	寸法設定で 　水平 ON ⇔ OFF	
複線	間隔 1/2	間隔 2 倍	
2 線	間隔 1/2	間隔 2 倍	
円	円⇔円弧	基点　中央⇔外側	
文字	水平⇔垂直⇔任意	水平⇔任意	
寸法	0°⇔ 90°	リセット	
多角形	基点位置	基点位置	
連線	無指定⇔ 15 度毎⇔ 45 度毎 連続弧　弧反転 ON ⇔ OFF	15 度、45 度毎の場合 前線終点⇔マウス位置	
点			仮点　ON ⇔ OFF
伸縮	一括処理	端点移動	
コーナー			実寸　ON ⇔ OFF
包絡	追加範囲確定後 　X ⇔ Y ⇔ XY ⇔任意	除外範囲確定後 　XY	実行前 　実線　ON ⇔ OFF 実行中 　最後に選択した線　ON ⇔ OFF
移動・複写	追加範囲確定後 　X ⇔ Y ⇔ XY ⇔任意	除外範囲確定後 　XY	
パラメトリック	加範囲確定後 　X ⇔ Y ⇔ XY ⇔任意	除外範囲確定後 　XY	
分割			仮点　ON ⇔ OFF
建具断面	X 方向基点位置 　貼付け　＋ 90°	Y 方向基点位置 　選択後　− 90° 回転°	
建具立面	X 方向基点位置 　貼付け　＋ 90°	Y 方向基点位置 　選択後　− 90° 回転°	

付録3　キーコマンドに登録できるコマンドの番号一覧

番号	コマンド	番号	コマンド	番号	コマンド
1	AUTOモード（取消）	41	プログラム電卓	86	画面倍率
2	線	42	データ変更（線変更）	87	線角度
3	矩形	43	ソリッド図形	88	線鉛直角度
4	円弧	44	3点円	89	X軸角度
5	文字	45	日影図	90	2点間角度
6	点	46	日影図計算	91	数値角度
7	寸法	47	等時間計算	92	線長
8	2線	48	指定点計算	93	2点間長
9	中心線	50	天空図	94	数値長
10	連続線・円	51	天空率計算	95	線間隔
11	複線	52	三斜計算	96	縮尺・読取り
12	コーナー	53	[天空比計算]	97	JWCファイルを開く
13	伸縮	54	画像編集	98	開く
14	面取り	55	寸法図形化	99	印刷
15	消去	56	寸法図形解除	100	名前を付けて保存
16	複写	57	SPEEDDATA読み込み	101	マークジャンプ登録(1)
17	移動	59	外部エディタ	102	!
18	接線	60	サーチ順切替	103	↓
19	接円	61	描画順切替	104	マークジャンプ登録(4)
20	建具平面	62	線幅・点倍率表示切替	105	マークジャンプ登録(Shift+1)
21	建具断面	64	ブロック化	106	!
22	建具立面	65	ブロック解除	107	↓
23	多角形	66	ブロック属性	108	マークジャンプ登録(Shift+4)
24	曲線	67	ブロック編集	110	寸法設定
25	包絡	68	ブロック編集終了	111	環境ファイル読込み
26	分割	70	UNDO	112	基本設定
27	図形	71	REDO	121	マークジャンプ登録(1)
28	線記号変形	73	タグジャンプ	122	!
29	パラメトリック変形	74	（表示のみレイヤ）読取変更	123	↓
30	外部変形	75	コピー	124	マークジャンプ登録(4)
31	測定	76	方向変更	125	マークジャンプ登録(Shift+1)
32	登録選択図形	77	割込み線端点伸縮	126	!
33	範囲選択	78	【全】属性取得	127	↓
34	貼り付け	79	属性取得	128	マークジャンプ登録(Shift+4)
35	ハッチ	80	【割込】端点移動	150	Zoom1
36	データ整理	81	線種　変更	151	Zoom2
37	座標ファイル	82	レイヤの設定	155	選択確定
38	接楕円	83	線角・円接線の軸角取得	160	中心点取得
39	表計算	84	軸角・目盛	161	線上点取得
40	距離指定点	85	目盛り基準点	162	円周1/4点取得

おわりに

　何年か前、卒業生が働く設計事務所を訪ねた時、彼女が素晴らしいスピードでJw_cadを操作しているのに驚きました。「どうしたらそんなに早く操作できるのか」と聞いたところ、「空いている左手を遊ばせないから」という答えが返ってきました。

　彼女は、コマンドの選択をキーボードで行っていたのです。確かに製図作業全体を考えると、画面の隅までマウスを動かしてコマンドを選択する方法は時間がかかります。特にワイドディスプレイが普及した現在は、その傾向が顕著でしょう。

　そこで私もキーボードによるコマンド選択を練習してみたところ、おかしな言い方ですが、「Jw_cadをリズミカルに操作できる」ことがわかりました。ただ、キーボードのカスタマイズ、すなわち「どのキーにどのコマンドを割り当てるか」を決めるには、かなり悩みました。一旦、コマンドの割り当てを決めた操作に慣れてしまうと、変更が難しいからです。

　また、Jw_cadには、裏技的なキーの組み合わせが潜んでいます。メインコマンドの選択は、コマンドを割り当てたキーを押すだけですが、ShiftキーやCtrlキーを一緒に押す、あるいはShiftキーやCtrlキーとマウスボタンを一緒に押すと、サブコマンドまで操作できるようになります。裏技を知るたびに「なるほど！」と感心させられます。この裏技ついては、パワーユーザーの方々のWebを参考にさせていただきました。

　最後に進化を続けるJw_cadをフリーソフトとして公開し続けてくださる清水治郎氏と田中善文氏、ならびに本書の企画、編集に尽力いただい学芸出版社と村田譲氏にこころより御礼を申し上げたいと思います。

2015年4月
川窪広明

❖著者紹介

川窪広明（かわくぼ ひろあき）
大手前大学メディア・芸術学部教授
1955年　山梨県生まれ
1979年　京都大学工学部（高分子化学科）卒業
1981年　大阪工業大学建築学科卒業
博士（工学）、一級建築士

ショートカットで高速製図

ステップアップ演習 Jw_cad

2015年5月15日　第1版第1刷発行

著　者　川窪広明
発行者　前田裕資
発行所　株式会社　学芸出版社
　　　　京都市下京区木津屋橋通西洞院東入
　　　　〒600-8216　電話 075・343・0811
　　　　http://www.gakugei-pub.jp/
　　　　E-mail　info @ gakugei-pub.jp

オスカーヤマト印刷／新生製本
装丁：KOTO DESIGN Inc. 山本剛史

©川窪広明　2015
Printed in Japan　ISBN978-4-7615-2593-4